Vient de paraître

A BBC radio course of
twenty lessons in French

by
RICHARD MARTINEAU
ancien élève de l'Ecole Normale
Supérieure de Saint-Cloud,
Agrégé de l'Université
and
ANNE-MARIE GIROLAMI
L. es L., D.E.S.

Produced by
ANN CALDWELL

The Programmes   464 ~ 194
First broadcast on Radio 3 (Study) on Mondays
at 6.30 p.m. starting 4th October 1971, and repeated
on Radio 4 on the following Saturdays at 10.30 a.m.

330 ~ 202

BRITISH BROADCASTING CORPORATION

Contents

		Introduction	page 3
Lesson	1	Première réunion	4
	2	Le Salon de l'Auto	13
	3	Les secrets de la mode . . .	23
	4	Vol au Royal-Concorde	32
	5	Où l'on parle boutique	41
	6	Conseils utiles	50
	7	Le Village Suisse	58
	8	Le ferrailleur-artiste	68
	9	Beaucoup d'appelés . . .	77
	10	Femmes libres . . . pauvres maris!	86
	11	Le second souffle de Pastourelles	93
	12	Grande première	102
	13	L'oncle se marie	109
	14	Louise cherche un logement	117
	15	Le bac . . . et après?	123
	16	La vie en province	132
	17	Cap sur Marseille	140
	18	Un magasin révolutionnaire	149
	19	La tournée des caves	155
	20	*L'Objectif* s'examine	162
		Grammar index	167
		Key to exercises	168
		Glossary	175

Published by the British Broadcasting Corporation
35 Marylebone High Street, London W1M 4AA
Printed in England by Cox & Wyman Ltd.,
Fakenham, Norfolk. ISBN: 0 563 10588 7

Introduction

Vient de paraître has been designed for students who have completed a beginners' and a second year course in French, and in particular for those who have followed the two BBC courses: the beginners' television series *Répondez s'il vous plaît* and the follow-up course on radio: *Rendez-vous à Chaviray.* The first lessons will concentrate on revising the basic grammar of the previous two courses.

Each lesson consists of a 'dialogue' in French introduced by a short prose passage to set the scene. There are also notes on grammar and, in most of the lessons, on particular aspects of French life.

The best way to follow the course is to prepare each dialogue in advance of the broadcast, study the grammar and try the exercises. Then when you listen to the broadcast do so if possible without the book—in this way you will be able to concentrate more on the sound of French and to test your ability to respond to the spoken language. The programmes will also give you a chance to hear and take part in conversation which is not in the book although it will always be based on the vocabulary and grammar of the course.

Vient de paraître is about a weekly newspaper *'L'Objectif'* which is just being launched and during the twenty programmes we shall be following the journalists as they go out on the job, interviewing people or talking to colleagues. And as the director of *L'Objectif* says to his new staff when they meet together for the first time: 'Bon courage . . .'

(The newspaper and the characters are all imaginary.)

1   *Première réunion*

Un nouveau journal vient d'être créé: il s'appelle *L'Objectif.* Il s'est installé en plein cœur de Paris. Ce journal est un hebdomadaire qui va paraître tous les jeudis. Il a obtenu les services de cinq journalistes connus, chacun spécialiste dans sa branche. Cette nouvelle équipe et ses collaborateurs vont traiter des principaux aspects de la vie française: l'actualité, les questions économiques et sociales, les sports, les loisirs et les vacances, etc.

Aujourd'hui, c'est un jour important: c'est la première réunion du personnel du journal.

M. Calliope	Oh, là, là ! Ce que je suis en retard ! . . . Mais où est donc cette salle de réunion ? Ah ! Voilà ! Septième étage . . . Voyons, où est l'ascenseur ? . . . Là-bas ! . . .(*il se dirige vers l'ascenseur*) . . . Parfait! Il est à l'étage *(il y entre)* . . .
Mlle Louise	Attendez, attendez! Je veux monter aussi.
M. Calliope	Mais je vous en prie . . . Vous allez à quel étage?
Mlle Louise	Au septième, s'il vous plaît.
M. Calliope	Tiens, vous aussi ! Comme c'est curieux ! Je suis sûr que vous allez à la réunion de *L'Objectif*. Je me trompe ?
Mlle Louise	Non, non, vous avez raison. Vous avez deviné juste. Un vrai Sherlock Holmes, ma foi ! Je peux vous poser une question, moi aussi ? Je suis très curieuse, vous savez ! Qu'est-ce que vous allez faire à *L'Objectif* ?
M. Calliope	Eh bien, je vais m'occuper des rubriques économiques et sociales. Je suis en fait un universitaire. Mais je fais du journalisme maintenant, pour changer un peu. Et vous, quelle est votre branche?
Mlle Louise	Oh, moi, c'est beaucoup moins sérieux! Je suis chargée de la page féminine: la mode, les parfums, le maquillage. Tout ce qui intéresse les femmes, en somme. Et il y a tant à dire! Mais au fait, j'y pense, nous ne nous sommes pas présentés: Louise de Hautevolée . . .
M. Calliope	Jacques Calliope, enchanté . . . (*l'ascenseur arrive*) Ah! Nous voilà arrivés . . . Je vous en prie . . . Bon, pressons-nous ! . . .Voyons . . . salle de réunion . . . Là! C'est ici. Allons-y. Ouf! Juste à temps! Le directeur se lève; il va parler.
Le directeur	Je vois que nos amis Calliope et Louise de Hautevolée sont arrivés. Nous sommes donc au complet. C'est parfait. Nous pouvons commencer. Personne n'y voit d'inconvénients? Non? Bon.
	Mesdames, Messieurs, chers collaborateurs, la première réunion des membres d'un journal nouveau est toujours émouvante. Mon émotion est un peu comparable à celle d'un père. J'attends, impatient et anxieux à la fois, l'enfant, mon enfant qui va naître.

M. Calliope	Vous ne trouvez pas que notre directeur est très poète, Mademoiselle Louise?
Mlle Louise	Si, assez! Son petit discours n'est pas mal tourné.
Le directeur	Eh bien, mes amis, je compte sur vous, sur votre aide, sur votre travail et sur votre talent. Grâce à vous, cette naissance va être facile et cet enfant réussi. (*Applaudissements, bravos*).
	Merci mes amis, merci! J'aime bien les discours mais je n'aime pas du tout les présentations officielles et pompeuses. Je laisse donc à chacun le soin de se présenter. Le buffet vous attend. Amusez-vous et bavardez autant que vous voulez!
Le directeur	Que désirez-vous, Mademoiselle de Hautevolée? Porto, cognac, whisky?
Mlle Louise	Whisky, s'il vous plaît.
Le directeur	Et vous, Calliope?
M. Calliope	La même chose, s'il vous plaît.
Le directeur	Alors, Mademoiselle Louise, vous avez déjà fait connaissance avec Monsieur Calliope?
Mlle Louise	Oui, nous avons fait les présentations dans l'ascenseur. C'est original, non?
Le directeur	Oui, en effet! Tiens, mais je vois Madame Becque qui vient vers nous. C'est notre spécialiste du tourisme et de la gastronomie. Une bonne vivante, paraît-il! Elle parcourt aussi tous les magasins possibles et imaginables. Elle fait souvent des trouvailles intéressantes.
Mme Becque	Bonjour, Messieurs et Mademoiselle. Calliope et Louise de Hautevolée. C'est bien ça? J'ai bien entendu?
M. Calliope	C'est ça. Bonjour, Madame Becque . . . Oui, Monsieur le directeur a fait les présentations pour vous!
Mlle Louise	Bonjour, Madame, ravie de vous connaître . . . Mais, dites-moi, Monsieur le directeur, qui est cette jeune fille en robe rouge?
Le directeur	Vous ne la connaissez pas? C'est Annie Ducros. Elle s'est pourtant rendue célèbre par ses reportages sur la guerre du Vietnam.
Mme Becque	Oui, c'est une jeune fille bien, courageuse.
M. Calliope	Et ce monsieur qui parle à Annie Ducros, qui est-ce?
Le directeur	Ah, celui-là, c'est Marc Gallant, notre reporter sportif, ancien champion de tennis . . . un as de la raquette. Mais, excusez-moi, je dois aller dire quelques mots à Monsieur Pelloche au sujet de sa rubrique. Au fait, c'est vrai, vous ne le connaissez pas. Monsieur Pelloche est notre critique artistique. Bien, je vous laisse.
Mme Becque	Est-ce que c'est ce petit monsieur chauve là-bas dans le coin?
Mlle Louise	Oui, je crois que c'est lui. Il me semble le connaître de vue. Je l'ai souvent aperçu dans les réunions mondaines du XVIe. Il paraît qu'il est très fort en musique, en cinéma et en peinture.
Le directeur	Eh bien, mes amis, je crois que les présentations sont faites. Je vous souhaite bon courage à tous. Je vous demande de lever vos verres et de boire à la santé de notre journal. Vive *L'Objectif!*
Tous	Vive *L'Objectif!*

Mots et expressions

Vient de paraître	Just out (See also *Notes sur la langue* for **venir de**)
en plein cœur de Paris	right in the centre of Paris — **en plein soleil** — in full sunlight, **en pleine campagne** — right in the heart of the country
les sports	Notice that we say **les sports, la page des sports** referring to the different kinds of sport. **Le sport** is used when referring in general to the activity: **Le sport est bon pour la santé**
les loisirs	spare time activities
le loisir	spare time in general
ce que je suis en retard	how late I am; I'm very late
il est à l'étage	it's here, it's on this floor
tiens!	an exclamation of surprise, — Oh!
ma foi!	my word! I say . . .
Je suis en fait un universitaire	In actual fact I'm an academic
mais au fait, j'y pense . . .	but come to think of it . . .
nous sommes donc au complet	we're all here then. Note the use of **complet** in: **l'autobus est complet**: the bus is full
Personne n'y voit d'inconvénients?	No-one has any objection? No objections?
chers collaborateurs	colleagues. The use of **chers** when you address groups of people (**chers auditeurs**, for example) is very common in French. You would never say **collaborateurs** in this context without **chers**.
Vous ne trouvez pas que notre directeur est très poète?	Don't you think that our director is quite a poet? Notice the answer **si** because the question is in the negative.
son petit discours n'est pas mal tourné	his little speech isn't badly put
grâce à vous	thanks to you
. . . cet enfant réussi	. . . this child a success
je laisse donc à chacun le soin de se présenter	therefore I leave it to each of you to introduce yourself
porto	Port wine — this is commonly drunk as an aperitive in France
une bonne vivante	someone who likes good living
tous les magasins possibles et imaginables	all the shops under the sun

elle s'est pourtant rendue célèbre par . . .	she did however become famous because of . . .
courageux, courageuse	'hard working' as well as 'brave'
ancien champion	**ancien** before the noun means 'former', placed after it means 'very old'
un as de la raquette	a tennis ace
il me semble le connaître de vue	I seem to know him by sight — notice **il me semble**, lit. 'it seems to me'
les réunions mondaines du XVIe	the fashionable parties of the XVIe. See also *Notes sur le vie*.
il est très fort en musique	he knows a lot about music, lit. 'he is very strong in music . . .'
je vous souhaite bon courage à tous	I wish you all the very best of luck

Notes sur la langue

1 Reflexive verbs

Some verbs have a reflexive form when an extra pronoun is placed between the subject and the verb; the extra pronoun must be in the same 'person' as the subject since it refers to the subject:

Je **me** trompe?
Il **s**'appelle *L'Objectif*
Elle **se** dirige vers l'ascenseur
Nous **nous** occupons de la page des sports
Vous **vous** amusez?

As you can see from the examples given, verbs which are reflexive in French may not necessarily have a reflexive form in English. An example of a reflexive in both languages is **s'amuser**.

Amusez-vous!	Enjoy yourselves!
Il s'amuse beaucoup	He is enjoying himself a lot

Some French verbs can only be used in the reflexive form: for example, **se souvenir**: to remember. Others have both a reflexive and a non-reflexive form:

Je me lève	I get up
Je lève mon verre	I lift my glass
Il s'appelle Marc Gallant	He is called Marc Gallant
Il appelle ses collaborateurs	He calls his colleagues
Vous vous trompez	You're mistaken, you're wrong
Vous trompez votre femme!	You're deceiving your wife!

Here is the verb **se lever** to show all the reflexive pronouns. Notice by the way that there is no accent (`) on **levons** and **levez**, since the accent is only placed on stressed vowels.

Je me lève   nous nous levons
tu te lèves   vous vous levez
il se lève   ils se lèvent
elle se lève   elles se lèvent

The perfect of reflexives (see also lesson 2)

Elle s'est pourtant rendue célèbre . . .
Nous nous sommes présentés.

Reflexive verbs always use **être** to form the perfect and the past participle therefore agrees with the subject: **rendue** (feminine); **présentés** (masculine plural).

2   Verbs followed by infinitives

Some verbs may be followed directly by the infinitive of another verb:

Je **veux monter** aussi.
Nous **pouvons commencer**.
Mais, excusez-moi, je **dois aller dire** quelques mots à M. Pelloche.

Aller and the infinitive

Je dois aller dire: I must go and say . . .
Je veux aller voir: I want to go and see.

But remember that **aller** and the infinitive can also be used instead of the future:

Ce journal est un hebdomadaire qui va paraître tous les jeudis.
Ils vont traiter des principaux aspects de la vie française.
Qu'est-ce que vous allez faire à *L'Objectif*?
Il va parler.

It can often be translated by 'to be going to . . .'

Most verbs cannot be followed directly by an infinitive but require a preposition (**à** or **de**).

Je vous demande **de** lever vos verres et **de** boire à la santé de notre journal.

There is no rule as to which verbs require which preposition, so try to make a note of them as you come across them.

Venir de and the infinitive:

This has a special meaning: 'to have just . . .'

Un nouveau journal vient d'être créé.   A new newspaper has just been created.

Je viens de téléphoner à Paris.   I have just phoned Paris.
Nous venons de le manger.   We have just eaten it.

3 Negatives

French negative sentences require two negative words. The first negative word is usually **ne**, and the second can be **pas**, **point**, **plus**, **jamais**, **rien**, **personne**, etc.

Ne . . . pas: Je n'aime pas les présentations officielles.

Ne . . . point: Je n'aime point les discours.

Ne . . . **pas** and **ne** . . . **point** mean the same although **ne** . . . **pas** is more common.

Ne . . . plus: (any longer, no longer,   Je n'attends plus M. Calliope.
no more, any more)

Ne . . . jamais: (never)   Je ne le vois jamais.

Ne . . . rien: (nothing)   Je ne trouve rien

Ne . . . personne: (no-one)   Je ne connais personne.

Note the position of the second negative word in the perfect: it is placed between the auxiliary and the past participle:

Nous ne nous sommes pas présentés

Nous n'avons rien bu

But note the exception:

Nous n'avons vu personne.

Sentences may also begin with **rien** or **personne**, in which case **ne** is kept, but the negative after the verb is omitted.

Personne n'y voit d'inconvénients.

Personne ne boit.

Rien ne se passe.   Nothing is happening.

4 C'est

Notice how **c'est** is used to mean 'it is . . .' (he is, she is).

C'est un jour important.

C'est la première réunion du personnel.

C'est curieux.

C'est Annie Ducros.   She's Annie Ducros.

C'est Marc Gallant.   He's Marc Gallant.

C'est lui.   It's him.

C'est ça.   That's it.

C'est une fille charmante.   She's a charming girl.

C'est un monsieur chauve.   He's a bald man.

Exercices

1   Est-ce qu'il a présenté ses collaborateurs?
    Non, il va les présenter tout de suite.

Est-ce que le directeur a parlé?
    Non, il va parler tout de suite.

Est-ce que Mlle Louise a quitté la réunion?
....

Est-ce que le reporter est arrivé?
....

Est-ce que le directeur a commencé son discours?
....

Est-ce que le journaliste a écrit l'article?
....

Est-ce que le directeur a fait les présentations?
....

2   Je me dirige vers l'ascenseur, et vous?   Nous nous dirigeons vers l'ascenseur aussi.
    Je m'amuse bien, et lui?   Il s'amuse bien aussi.

Je m'occupe du journal, et vous?   ....
Je me lève, et lui?   ....
Je me présente, et elles?   ....
Je me presse d'arriver, et vous?   ....
Je m'excuse, et lui?   ....
Je me lève, et elle?   ....
Je me trompe, et eux?   ....

3   A-t-elle vu Calliope?   Oui, elle vient de le voir.
    Est-il paru?   Oui, il vient de paraître.

S'est-il installé?   ....
Ont-ils quitté la réunion?   ....
S'est-il levé?   ....
Est-elle commencée?   ....
Sont-ils arrivés?   ....
Ont-elles trouvé la salle de réunion?   ....
A-t-il bu son porto?   ....
A-t-il présenté ses collaborateurs?   ....
S'est-elle présentée?   ....
A-t-il fait son discours?   ....

Notes sur la vie

Les journaux

The main national daily newspapers are:	Circulation figures
Morning: *Le Parisien Libéré* (centre-right)	830,000 copies
Le Figaro (right wing)	500,000 copies
L'Aurore (right wing)	420,000 copies
Paris-Jour (centre right)	300,000 copies
L'Humanité (organ of the French Communist Party)	200,000 copies
Evening: *France-Soir* (centre-right)	1,250,000 copies
Le Monde (which is fairly objective and never has any photographs. Circulation around 450,000 copies.)	

Most people in the provinces usually buy 2 newspapers: one of the big nationals—which they often receive through a subscription (**un abonnement**) and their local paper, the biggest of which is *Ouest-France*, covering most of the western part of France and with a circulation comparable with the biggest of the Paris dailies.

Weekly magazines, which take a broader look at political affairs, are also popular. The best known of these are:

L'Express (centre-left)	600,000 copies
Le Nouvel Observateur (left)	250,000 copies
Le Canard Enchaîné (satirical)	300,000 copies

Le XVIe

Paris is divided into 20 **arrondissements** numbered according to a pattern somewhat like a spiral, starting from the Halles—Louvre area and going round from the centre to the periphery. (See map.) Each of these **arrondissements** is like a small independent town with its own town-hall (**la mairie**).

The rich districts are situated to the west, while the poorer ones tend to be in the east and north. The 16th **arrondissement**, le XVIe, is with the 8th and 7th, among the wealthiest and property here is most sought after by those families rich enough to be able to afford the high prices and rents. A new mock aristocratic attitude and accent have grown up, referred to in such phrases as: **Ça fait très seizième.**

The number of the **arrondissement** must be given in postal addresses and is usually abbreviated to 16ème or XVIe without the word **arrondissement**. In conversation one speaks of **le seizième, le huitième**, etc., again usually omitting **arrondissement**.

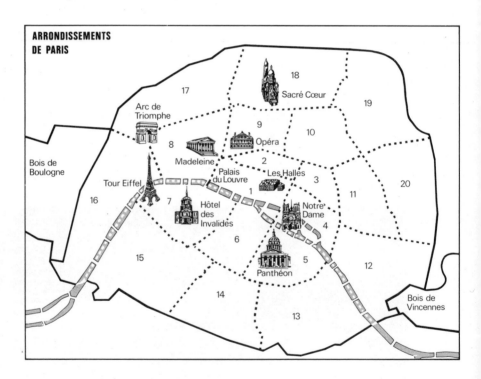

ARRONDISSEMENTS DE PARIS

2   *Le Salon de l'Auto*

Le Salon de l'Auto vient d'ouvrir ses portes. Comme d'habitude, il attire un grand nombre de Parisiens et de provinciaux. Le Parc des expositions de la Porte de Versailles est rempli d'acheteurs ou simplement de rêveurs. En raison de la venue des provinciaux, tous les hôtels de la capitale sont complets. Il y a aussi des embouteillages énormes: la période du Salon est la pire pour circuler à Paris. Notre reporter, Marc Gallant, a quand même réussi à arriver jusqu'aux divers stands. Il a posé quelques questions à un exposant et à des visiteurs.

M. Gallant	Bonjour, Monsieur, vous êtes directeur commercial des établissements Véloce, je crois?
Le monsieur	C'est exact, je suis chargé de la direction des ventes et du service après-vente.
M. Gallant	Pouvez-vous me dire comment se présente le marché cette année? Est-ce que vous avez eu beaucoup de commandes?
Le monsieur	Hum, vous savez, ce n'est pas merveilleux pour le moment. Avec les restrictions sur le crédit, les grèves, l'encouragement à l'épargne, les gens préfèrent garder leur vieille voiture ou prendre les transports en commun.
M. Gallant	On trouve souvent vos voitures un peu chères, qu'en pensez-vous?
Le monsieur	Ah! C'est toujours la même chose! Les gens veulent des voitures rapides, confortables et solides, mais ils ne veulent pas payer le prix. Ce n'est pas possible, que voulez-vous! Je vais vous dire: le problème, c'est que les gens espèrent qu'on va leur vendre un jour

une Rolls-Royce pour le prix d'une bicyclette! Eh bien, non, nous ne sommes pas des philanthropes.

M. Gallant Comment voyez-vous l'avenir de la construction automobile française?

Le monsieur C'est une question difficile. Il est certain que les voitures étrangères nous font beaucoup de concurrence. A mon avis, seules deux ou trois marques en France sont suffisamment fortes pour subsister. Mais il faut exporter, exporter beaucoup pour le rayonnement de la technique française. Car ce sont peut-être les Chinois qui ont inventé la roue, mais c'est un Français, Monsieur, un Français qui a inventé l'automobile.

M. Gallant Eh bien, je vous remercie, Monsieur, pour toutes ces précisions et je vous souhaite beaucoup de clients. Au revoir, Monsieur.

M. Gallant Bonjour, Madame, je vois que vous vous intéressez à cette petite voiture de ville.

La dame Oui, elle me plaît beaucoup. Elle a l'air très pratique. Pour faire les courses ou pour se déplacer en ville, elle doit être idéale. Comme elle est très petite, elle se gare n'importe où. Et puis le coffre est assez grand pour les paquets ou les sacs à provisions.

M. Gallant Est-ce que votre mari a une voiture?

La dame Oui, mais il la prend pour aller travailler. Comme nous vivons à la campagne, c'est très gênant. Alors, nous cherchons une petite voiture pour moi comme deuxième voiture.

M. Gallant Qu'est-ce qui guide votre choix dans l'achat d'une voiture?

La dame En général, c'est le côté pratique et l'économie d'emploi. Mais je suis aussi sensible à l'esthétique. Quant à la mécanique, ça ne m'intéresse pas, je n'y connais rien. De toute façon, les voitures modernes ne tombent plus en panne. Un peu d'huile, un peu d'eau, beaucoup d'essence, et ça marche!

M. Gallant Hum, je crois que bien des automobilistes peuvent vous contredire sur ce point! En tous cas, je vous remercie pour toutes ces réponses. Au revoir, Madame, et bonne chance pour vos achats.

M. Gallant Elle est belle cette voiture, n'est-ce pas?

Le Parisien Ah ça, vous pouvez le dire. Quelle mécanique! Ça fait facilement du 200 à l'heure sur l'autoroute du sud. Et puis, aux feux rouges, alors là hein, les autres n'existent pas!

M. Gallant Je vois que vous êtes un passionné de voitures!

Le Parisien Ah oui, les bagnoles, c'est mon péché mignon. Je trouve qu'une belle voiture, c'est beau comme une œuvre d'art. Et puis j'adore la vitesse. Moi, tous les ans, je vais aux 24 heures du Mans. Mes parents y habitent, alors c'est pratique. Quel spectacle!

M. Gallant Vous ne préférez pas regarder la course chez vous, à la télé?

Le Parisien	Ah ça non! A la télé, il n'y a pas le bruit . . . et l'odeur!
M. Gallant	Est-ce que vous allez acheter cette voiture que vous admirez tant?
Le Parisien	Ah ben, pour ça, à part la Loterie Nationale, je ne vois pas comment! Des voitures comme ça, c'est bon pour les richards. Mais pour moi, entre le prix d'achat, la vignette, l'assurance et l'entretien, je dois travailler quinze ans avant de m'en payer une. Ce n'est pas juste!
M. Gallant	Quelle voiture possédez-vous actuellement?
Le Parisien	Ma foi, j'ai essayé d'avoir une voiture un peu sport pour le prix. Alors, j'ai acheté une 1100 Super Sport Grand Luxe. Je l'ai un peu gonflée, elle marche du tonnerre. Un jour j'ai fait Paris-Le Mans en une heure et demie!
M. Gallant	Selon vous, quels sont les critères de l'achat d'une voiture?
Le Parisien	Pour moi, c'est simple: d'abord la mécanique, ensuite une belle ligne, comme ça les gens vous regardent. Et puis, j'aime bien un échappement qui fait du bruit. Le reste, ça ne m'intéresse pas.
M. Gallant	Bien, au revoir, Monsieur, et je vous souhaite bonne chance à la Loterie Nationale. . . . Bon, maintenant il ne me reste plus qu'à aller mettre tout cela sur le papier. Un bon article pour *L'Objectif*!

Mots et expressions

Service après-vente	after sales service
Pouvez-vous me dire comment se présente le marché cette année?	Can you tell me what the market's like this year?
les transports en commun	public transport (Note the plural in French)
qu'en pensez-vous?	what do you think about it?
Ce n'est pas possible, que voulez-vous!	The expression **que voulez-vous** is often added to a sentence in French. It means something like 'you know' in English
ce sont les Chinois	it's the Chinese. Note the agreement: **Ce sont les Chinois** but **C'est un Chinois.**
. . . les voitures étrangères nous font beaucoup de concurrence	. . . foreign cars are giving us a lot of competition. Notice that the verb used is **faire.**
. . . je vois que vous vous intéressez à cette petite voiture de ville	. . . I see that you're interested in this little town car. 'To be interested in' is **s'intéresser à**
Elle a l'air très pratique	It seems very practical
elle se gare n'importe où	it can be parked anywhere
	Here are some expressions with **n'importe**
n'importe qui: anyone	N'importe qui est capable de faire ça
n'importe quoi: anything	Il dit n'importe quoi
les sacs à provisions	shopping bags. Notice the use of **à** to mean 'for the purpose of', for example, **la machine à écrire**, the typewriter, **la boîte aux lettres**, the letter box
à la campagne	in the country. Notice also **pour circuler à Paris**, to drive in Paris, but **en ville**, in town
Mais je suis aussi sensible à l'esthétique	But looks matter to me as well (lit. but I'm also sensitive to the aesthetic side)
je n'y connais rien	I don't know anything about it
. . . les voitures modernes ne tombent plus en panne	. . . modern cars don't break down any more (**Ma voiture est tombée en panne**: My car has broken down)
et ça marche!	and that's it!
vous pouvez le dire	you can say that again
Ça fait facilement du 200 à l'heure sur l'autoroute du sud	It does easily 120 m.p.h. on the motorway to the south
aux feux rouges, les autres n'existent pas	at traffic lights the others just aren't in it
un passionné de voitures	a car fanatic

les bagnoles, c'est mon péché mignon	cars are my great weakness. **Une bagnole** is a much used colloquial term for **une voiture**
à la télé	on television
c'est bon pour les richards	they're alright for the wealthy. **Les richards** is a colloquial term for 'rich people'
la vignette	the French road tax certificate. See also *Notes sur la vie*
avant de m'en payer une	before I can afford to buy myself one.
Je l'ai un peu gonflée, elle marche du tonnerre	I've hotted it up a bit, it goes like a rocket
j'ai fait Paris–Le Mans en une heure et demie	(It is 210 kms, about 140 miles, from Paris to Le Mans. There is no speed limit on most roads in France.)
sur le papier	on paper

Notes sur la langue

1 How to ask questions

1 You can ask a question simply by intonation. Any affirmative statement may be made into a question in this way:

Statement: Vous êtes directeur des établissements Véloce
(said with falling intonation)

Question: Vous êtes directeur des établissements Véloce?
(said with rising intonation)

2 You can start off with **Est-ce que**

Est-ce que vous êtes directeur des établissements Véloce?
Est-ce que votre mari a une voiture?
Est-ce que vous allez acheter cette voiture?
Est-ce qu'il a eu beaucoup de commandes?

3 Or you can invert the usual word order of the statement and put the verb first and the subject after it:

Etes-vous directeur des établissements Véloce?
A-t-il eu beaucoup de commandes?
Ont-ils visité le Salon?
Sont-ils venus en métro?

When the subject is a noun (e.g. **votre mari**) rather than a pronoun (e.g. **il**) then the question is asked in this way:

> Votre mari a-t-il une voiture?

(But remember that you can also ask:

> Votre mari a une voiture?
> *and*
> Est-ce-que votre mari a une voiture?

and all three will mean the same).

2   On

This has the meaning of 'one', 'some people', 'they'

> On trouve souvent vos voitures un peu chères
> People often find your cars a little expensive

But in spoken language it often replaces **nous**:

> On y va tout de suite ⎫
> Nous y allons tout de suite ⎭ We're going there straight away

(Notice that with **on** the verb is singular: **va, a**)

> On a besoin d'une voiture

3   The perfect

This is the most frequently used past tense, particularly in the spoken language. It is formed by the present of **être** or **avoir** and the past participle of the verb:

> Notre reporter a quand même réussi à arriver jusqu'aux divers stands.
> Our reporter has nevertheless succeeded in reaching the various stands.

> Il a posé quelques questions à un exposant et à des visiteurs.
> He has put some questions to an exhibitor and to some visitors.

Notice that it can be translated in English either by the simple-past form (he put, he succeeded) or by the 'perfect' (he has put, he has succeeded) according to the context:

> Un jour j'ai fait Paris-Le Mans en une heure et demie.
> One day I did Paris-Le Mans in an hour and a half.

> J'ai fait mon travail.
> I have done my work.

The past participle of verbs whose infinitives end in -**er**, is formed by changing -**er** into é: **poser, posé**.

Many verbs ending in -**ir** change -**ir** into i: **réussir, réussi**.

For other verbs the past participles are formed in various different ways and we will always give them with the infinitive in the glossary if they are not of the **poser** or **réussir** type.

The past participle of **avoir** is **eu** and of **être**, **été**. Both have **avoir** as their auxiliary.

There are two groups of verbs which have **être** as their auxiliary

(1) Reflexive verbs (see page 8)

(2) And the following: **aller, venir, arriver, partir, entrer, naître, mourir, devenir, rester** and **tomber**.

In addition **descendre, sortir, retourner** and **monter** have **être** when they have no direct object. When they have a direct object then the auxiliary is **avoir**.

descendre:	Il est descendu	He came down.
	Il a descendu sa valise	He brought his case down.
sortir:	Il est sorti	He went out.
	Il a sorti sa voiture	He brought his car out.
monter:	Je suis monté au deuxième étage	I went up to the second floor.
	J'ai monté les paquets	I took the packets upstairs.
retourner:	Elle est retournée chez elle	She went home
	Elle a retourné le rôti	She turned the roast

A note about agreement:

When the auxiliary is **avoir** the past participle only agrees if the direct object precedes it:

Je l'ai un peu gonflée.

Here the direct object is **la** (abbreviated to **l'**) standing for '**une 1100 Super Sport Grand Luxe**'. Remember that when the auxiliary is **être** the past participle agrees with the subject.

4 Qui, que

These two words can be used to link two parts of a sentence. **Qui** is a subject (meaning 'who' or 'which') and **que** is an object (meaning 'whom', 'which' or 'that').

Ce sont les Chinois qui ont inventé la roue.
It was the Chinese who invented the wheel.

Est-ce que vous allez acheter cette voiture que vous admirez tant?
Are you going to buy this car that you admire so much?

Quel

Quel (**quelle**, etc.) is used for 'what' or 'which' but is an adjective with a feminine and plural form as well and must therefore refer to a noun. It is used in exclamations or to ask a question:

Quelle voiture voulez-vous acheter?
Quel spectacle!
Quels sont les critères de l'achat d'une voiture?

5 Emphasis

If you want to emphasize the subject in French, an extra pronoun—the 'stressed' pronoun—is used:

Moi, tous les ans, je vais aux 24 heures du Mans.

Here are the stressed pronouns:

moi nous
toi   vous
lui   eux
elle elles

This is the form of the pronoun which is used with prepositions:

Pour moi, c'est la même chose.
Avec lui, c'est impossible.

6 Verbs followed by infinitives (see page 8)

Some verbs can be followed directly by an infinitive, others require a preposition. Here are two in this lesson which require a preposition

réussir à   essayer de

Exercices

1   Nous avons beaucoup de commandes.
         On a beaucoup de commandes.

Ils préfèrent garder une vieille voiture.
      On préfère garder une vieille voiture.

Nous reprochons aux voitures d'être chères.

....

Les gens veulent une voiture pour le prix d'une bicyclette.

....

Nous allons au Salon de l'Auto.

....

Nous aimons une petite voiture de ville.

....

Nous vivons à la campagne.

....

Les gens s'intéressent plus ou moins à la mécanique.

....

Ils travaillent quinze ans pour se payer une voiture.

....

Nous achetons une voiture française.

....

2 Cette année le Salon attire un grand nombre de provinciaux.
   L'année dernière le Salon a attiré un grand nombre de provinciaux.
   Cette année cela provoque des embouteillages énormes.
   L'année dernière cela a provoqué des embouteillages énormes.

Cette année le reporter pose des questions à des visiteurs.
....

Cette année nous avons beaucoup de commandes.
....

Cette année le marché n'est pas merveilleux.
....

Cette année c'est la même chose.
....

Cette année il prend la voiture pour travailler.
....

3 Il visite tous les stands.   Est-ce qu'elle les visite aussi?
   Il interroge le vendeur.   Est-ce qu'elle l'interroge aussi?
   Il aime les voitures économiques. ....
   Il regrette sa vieille voiture. ....
   Il prend les transports en commun. ....
   Il regarde la télévision. ....
   Il remercie la dame. ....
   Il fait les courses. ....

4 Il doit travailler.   Est-ce qu'elle doit travailler aussi?
   Il peut voyager. ....
   Il veut boire. ....
   Il sait chanter. ....
   Il aime manger. ....
   Il va partir. ....
   Il vient d'arriver. ....

5 Exercice écrit

Link these two sentences using **qui** or **que**:

C'est le Salon de l'Auto.   Il ouvre ses portes.
.... *C'est le Salon d'l'Auto qui ouvre ses portes*

Ce sont les voitures étrangères.   Nos clients préfèrent les acheter.
.... *que* .... *acheter*

C'est cette petite voiture de ville. Elle me plaît beaucoup.
.... *qui*

J'ai acheté une 1100 Super Luxe.   Je l'ai un peu gonflée.
.... *que*

21

Notes sur la vie

Le Salon de l'Auto

Le Salon de l'Auto is an annual exhibition held at the beginning of October. It now takes place in a large hall inside the Parc des expositions de la Porte de Versailles (South-West of Paris) where most exhibitions are held. Until recently it was housed in the Grand Palais (near the Rond-Point des Champs-Elysées). The reason for its move to the Porte de Versailles may have been the complete chaos it used to cause in the centre of Paris.

L'invention de l'automobile

Though this is a controversial subject, the first man to have built a self-propelled vehicle (which is the exact meaning of 'automobile') seems to have been a Frenchman: an engineer called Nicolas Cugnot (1725-1804) who, in 1770, produced a three-wheeled, steam-engined automobile and, in 1771, a second model designed to carry heavy loads: **le fardier**.

La vignette

La vignette is the French road tax certificate. The tax was originally introduced to provide funds for helping old people. The amount varies according to the power and age of the car; the maximum is about £30 and the minimum about £2.25. The certificate is not displayed on the car, but must be carried by the driver.

Les secrets de la mode...

C'est la pleine période des collections de printemps. Les kiosques à journaux sont remplis d'une multitude de magazines de mode, tous plus épais les uns que les autres. Les discussions vont bon train dans les salons de coiffure pour dames: 'Avez-vous vu la nouvelle mode de printemps? Je la trouve horrible. Et vous?' 'Les chapeaux sont devenus absolument ridicules!' . . . 'Jamais je ne porterai des couleurs pareilles', etc., etc.

Notre spécialiste en la matière, Louise de Hautevolée, est donc partie faire sa petite enquête. Elle a rencontré une de nos grandes couturières, Marlène de Fercey, puis un spécialiste de la mode masculine, Jean-Lou, et enfin, le directeur d'une des plus importantes maisons françaises de prêt-à-porter, M. Blumenstein.

Mlle Louise	On ressent toujours une certaine timidité quand on pénètre chez Marlène de Fercey. On a conscience d'être dans le sanctuaire de la mode française et de venir en position d'infériorité. Qu'en pensez-vous, Marlène de Fercey?
Mme de Fercey	C'est vrai, bien des gens m'ont fait part d'un sentiment semblable. C'est très curieux d'ailleurs. Vous savez, nos clients sont très riches. Eh bien, il semble qu'ici, ils perdent toute leur arrogance.
Mlle Louise	Est-ce que vous avez une anecdote à ce sujet?
Mme de Fercey	Oui, je me souviens, une fois, j'ai refusé de vendre une robe à une femme très riche, la femme d'un milliardaire américain. Elle a été impolie envers une de mes employées, alors elle est repartie sans robe; et furieuse, inutile de vous le dire.
Mlle Louise	Pour en venir à notre propos: comment sera la nouvelle mode?
Mme de Fercey	Le problème est un peu particulier en ce qui me concerne: je n'habille pas des gamines, vous le savez, mais des femmes souvent

23

	mûres. Mes modèles restent malgré tout très classiques et ils sont peu soumis aux changements de la mode.
Mlle Louise	Oui, vous vous êtes surtout rendue célèbre par vos tailleurs, vos ensembles sport et vos robes du soir.
Mme de Fercey	Exactement. Pour moi, la mode peut être longue, courte, midi ou maxi, ça n'a pas beaucoup d'importance. Je reste solide dans la tempête. Pour d'autres couturiers, il est certain que c'est plus difficile. Il faut toujours créer du nouveau et faire des choses originales. Alors, quand la mode a été longue, on la fait plus courte et quand elle a été courte, on la refait plus longue. En fait, les pauvres couturiers sont très limités: depuis les Grecs, on n'a rien inventé!
Mlle Louise	Je vous quitte sur cette sage parole. Merci de nous avoir consacré quelques-unes de vos précieuses minutes et à bientôt peut-être.

Mlle Louise	Jean-Lou, pour tous les hommes qui veulent être séduisants, pour tous les dandies et les élégants, c'est le grand prêtre. Je suis en ce moment dans le temple, dans son atelier où il dessine ses créations. Le décor est un peu particulier: c'est une pièce transformée en une sorte de grotte, avec des peaux de bêtes sur le sol et une collection invraisemblable d'objets les plus curieux et les plus exotiques. Au milieu, encadré par ses deux panthères, il est là. Jean-Lou, mes hommages.
Jean-Lou	Bonjour, très chère. Alors, ça fait un temps fou qu'on ne vous a pas vue. On ne s'intéresse pas à la mode masculine à L'Objectif?
Mlle Louise	Mais si. La preuve! Alors, Jean-Lou, dites-nous. Comment seront les hommes cette année?
Jean-Lou	Ah, ils seront beaux, mais beaux, des dieux! Je les veux très mâles. Beaucoup de cuir, pour les pantalons, pour les chapeaux, pour tout. Et cette année, je fais tout très près du corps, encore plus moulant que l'année dernière. Vous verrez, ils seront aussi beaux que des héros antiques.
Mlle Louise	Vous êtes un des promoteurs du sac à main pour hommes et le créateur du short de soirée. Est-ce que vous pensez que ce sont des solutions d'avenir?
Jean-Lou	Mais bien sûr! Vous les femmes, vous avez de la chance; vous pouvez emmener tout un attirail avec vous, mais nous, nous n'avons que nos poches. Et des poches pleines, c'est affreux, ça tue la ligne. Quant au short de soirée, les hommes l'adorent. Enfin, mes clients du moins.
Mlle Louise	Merci infiniment, maître, et adieu, nous nous reverrons . . . peut-être!
Jean-Lou	Adieu, belle Louise!

Mlle Louise	Je me trouve maintenant dans le bureau de M. Blumenstein, directeur d'une célèbre maison de prêt-à-porter. M. Blumenstein, que pensez-vous de la mode actuelle?

M. Blumenstein	Oh, vous savez, pas grand'chose. La mode, c'est comme l'histoire, c'est un éternel recommencement. Une année c'est plus long, une année c'est plus court. Une autre année c'est moins long, ou c'est moins court, ou c'est entre les deux. Nous, de toute façon, nous suivons. Du moment que ça fait marcher le commerce.
Mlle Louise	Que pensez-vous de ces perpétuels changements de longueur?
M. Blumenstein	La mode, c'est comme les cours de la Bourse: ça monte et ça descend. Le principal, c'est que les gens achètent. C'est ça qui compte.
Mlle Louise	Eh bien, je vous remercie et j'espère pour vous que le commerce marchera. Au revoir, Monsieur. Bon! Vite, au bureau. Demain on met sous presse.

Mots et expressions

la pleine période des collections de printemps	right in the middle of the period of the spring collections. (See also page 6 for **plein**.)
tous plus épais les uns que les autres	each one thicker than the other
les discussions vont bon train	discussion is in full swing. (**Les négociations vont bon train. La voiture va bon train**—The car is going at a good pace.)
Jamais je ne porterai des couleurs pareilles	I'll never wear such colours. (Note that **jamais** can go at the beginning of a sentence for extra emphasis.)
une maison de prêt-à-porter	a 'ready to wear' firm
inutile de vous le dire	needless to say
Pour en venir à notre propos	To get to the point
en ce qui me concerne	as far as I'm concerned
vous le savez	you know. **Le** is often used with **savoir** in this way: **Je le sais**: I know
Mes modèles . . .	My models, models in the sense of styles. The 'person' is **mannequin**, and it is masculine in French: **le mannequin**, to refer to both sexes. **C'est un très beau mannequin.**
Il faut toujours créer du nouveau	They always have to create something new.
Merci de nous avoir consacré . . .	Thank you for having given us . . .
très chère	'darling', used in an affected manner

ça fait un temps fou qu'on ne vous a pas vue	it's absolutely ages since we've seen you.
La preuve!	'Here's the proof (the evidence).' Can't you see!' The translation depends upon the context: here is another example: **Vous êtes sorti de prison? Oui, la preuve!**
le short de soirée	evening shorts. (Note that it is **le short**, like **le pyjama** and **le pantalon** although **les pantalons** can also be used to mean 'one pair'.)
Vous les femmes	You women (**vous les Anglais**: You English).
tout un attirail	a whole paraphernalia of things
maître	This is a title which is used for a lawyer, a professor, an eminent doctor or an artist.
Du moment que ça fait marcher le commerce	As long as it keeps business going **Marcher** here has the sense of 'to move, to go, to proceed': **les affaires marchent**: business is brisk. **Les affaires ne marchent pas très bien**: business is slack. **Marcher** also has the meaning of 'to work' for mechanical things: **Ça ne marche pas. Ma montre ne marche plus**: My watch doesn't work any more.
les cours de la Bourse	the prices on the Stock Exchange
Demain on met sous presse	Tomorrow we go to press

Notes sur la langue

1 Comparisons

(a) The words **plus** (more), **moins** (less) and **aussi** (as) are used to make comparisons:

C'est plus difficile	C'est moins difficile	C'est aussi difficile
It's more difficult	It's less difficult	It's as difficult

Une année, les robes sont plus courtes, l'année suivante, elles sont moins courtes.

When the thing or person you are making the comparison with is mentioned then the linking word is **que**.

Les magazines de mode sont plus épais que les journaux.
Fashion magazines are thicker than newspapers.

Les robes sont moins courtes cette année que l'année dernière.
Dresses are shorter this year than last year.

Cette mode rend les hommes aussi beaux que des héros antiques.
This fashion makes men as handsome as heroes of antiquity.

(b) To say 'the most . . .' and 'the least . . .' you use **le plus** and **le moins**.

C'est la plus importante maison de prêt-à-porter.
Il aime les objets les plus curieux et les plus exotiques.
C'est le client le plus riche.

Note that in comparisons **de**, (**du**, etc.) is used to express the English 'in':

C'est le client le plus riche de Paris.
He's the richest client in Paris.

C'est la plus belle ville du monde.
It's the most beautiful town in the world.

2   The future

It is formed with the endings: -**ai**, -**as**, -**a**, -**ons**, -**ez**, -**ont**. In the case of verbs with infinitives ending in -**er** or -**ir**, the endings are added to the infinitive. Here for example is the future of the verbs **porter** and **couvrir**:

je porterai, tu porteras, il (elle) portera,
nous porterons, vous porterez, ils (elles) porteront

je couvrirai, tu couvriras, il (elle) couvrira,
nous couvrirons, vous couvrirez, ils (elles) couvriront

When the infinitive ends in -**re** the final 'e' is dropped: **vendre**

je vendrai, tu vendras, il (elle) vendra
nous vendrons, vous vendrez, ils (elles) vendront.

With verbs like **recevoir** and **apercevoir** the future is **je recevrai, j'apercevrai**

je recevrai, tu recevras, il recevra,
nous recevrons, vous recevrez, ils recevront

Notice also these important special cases:

aller	j'irai, tu iras, il ira, etc.
avoir	j'aurai, tu auras, il aura, etc.
être	je serai, tu seras, il sera, etc.
devoir	je devrai, tu devras, il devra, etc.
faire	je ferai, tu feras, il fera, etc.
pouvoir	je pourrai, tu pourras, il pourra, etc.
savoir	je saurai, tu sauras, il saura, etc.
venir	je viendrai, tu viendras, il viendra, etc.
voir	je verrai, tu verras, il verra, etc.
vouloir	je voudrai, tu voudras, il voudra, etc.

Verbs derived from any of these (like **refaire**, **revenir**, **revoir**) will form their future in the same way as the verb from which they originate.

Remember the two other ways of expressing the future

1 The present tense can be used for something which will happen in the near future.

> Demain on part à neuf heures.
> Demain on met sous presse.

2 And one can also use **aller** and the infinitive for the same purpose. (See page 8.)

3 Tout (tous, toute, toutes)

Notice how **tout**, meaning 'all' agrees in gender with the noun:

> Tous les hommes sont partis.
> Tout le monde bavarde.
> Ils perdent toute leur arrogance.
> Toutes les femmes travaillent.

4 C'est

> La mode, c'est comme l'histoire.
> Le principal, c'est que les gens achètent.

Ce here has the purpose of giving more emphasis to the subject.

For example you could say

> La mode est comme l'histoire.

But when you use **c'est** it adds emphasis

> Jean Lou, c'est le grand prêtre de la mode masculine.

Exercices

1

Elle part maintenant?	Non, elle partira ce soir
Il vient maintenant?	....
La couturière revient maintenant?	....
Elle s'habille maintenant?	....
Il recommence maintenant?	....

2

Vous avez écrit l'article?	Non, je l'écrirai demain
Vous avez interrogé le mannequin?	....
Vous avez revu la présentation de mode?	....
Vous avez lu le journal?	....
Vous avez vu les collections?	....

Est-ce que ce journal est plus épais que l'autre?
    Non, il est moins épais.
Est-ce que cette couleur est plus brillante que l'autre?
    Non, elle est moins brillante.

Est-ce que cette maison de couture est plus importante que l'autre?

....

Est-ce que ces clients sont plus riches que les autres?

....

Est-ce que cette employée est plus polie que l'autre?

....

Est-ce que ces tailleurs sont plus moulants que les autres?

....

Est-ce que ces jupes sont plus longues que les autres?

....

Est-ce que ce pantalon est plus élégant que l'autre?

....

Est-ce que ce couturier est plus original que l'autre?

....

Est-ce que cette robe est plus classique que l'autre?

....

J'ai acheté les journaux.
    J'ai acheté tous les journaux.
Le monsieur ouvre les portes.
    Il ouvre toutes les portes.

Le jeune garçon essaye les voitures.

....

La dame observe les mannequins.

....

Le journaliste discute avec les vendeuses.

....

La cliente critique les modèles.

....

Le couturier modifie la longueur des jupes.

....

Les clients admirent les belles robes.

....

Les femmes regardent les vitrines avec envie.

....

5   Exercice écrit—Write in the plural

Toute la période des collections est animée.

Toutes les périodes des collections sont animées

Tout le magazine est rempli de nouvelles sur la présentation de mode.

Tous les magazines sont remplis de nouvelles sur les présentations de mode

Toute la mode masculine est classique.

Toutes les modes masculines sont classiques

Toute la maison est affairée.

Toutes les maisons sont affairées

Tout le décor est exotique.

Tous les décors sont exotiques

Tout l'ensemble sport est en cuir.

Tous les ensembles sport sont en cuir

Toute la jupe est bien taillée.

Toutes les jupes sont bien taillées

Tout le modèle est classique.

Tous les modèles sont classiques

Toute la collection est originale.

Toutes les collections sont originales

Notes sur la vie

La mode

France has always been a country where fashion and dress have been considered as an important part of life and society.

Since World War II, France's supremacy in this domain has been increasingly noticeable, particularly in the most expensive and sophisticated form of dressmaking known as **la haute couture.**

On the whole, the pace is set by a very restricted group of people, known as **les grands couturiers,** who give the trend for length, colours and style. Most of these are internationally famous: Dior, Balenciaga, Nina Ricci, Balmain and Lanvin, and the more recent ones: Cardin, Yves Saint-Laurent, Féraud, Courrèges.

The creations of these famous but expensive **grands couturiers** are shown to the public at fashion shows (**des présentations de mode**). Since invitations are required, only a very select group of people are given the opportunity to see them. It used to be forbidden to take photographs so as to avoid piratical copying of the exclusive dresses displayed, but things have changed now and the creations of the **grands couturiers** are given wide circulation in the specialized press and greatly influence the lesser-known and less expensive **maisons de couture** and also the **prêt-à-porter** (ready-to-wear).

For anyone interested in fashion and with sound financial means, the places to visit in Paris are, — first, the Etoile-Concorde-Madeleine-Opéra area and in particular, the Faubourg Saint-Honoré and second, the Saint-Germain area where there are a lot of more trendy and less expensive boutiques.

4   *Vol au Royal-Concorde*

Le Tout-Paris en bourdonne et la police est sur les dents: on a volé les bijoux de la princesse Fatoum, cette femme énigmatique que la presse nous a souvent dépeinte comme une des rares créatures de rêve de notre monde moderne. Il faut dire que c'est un personnage hors du commun: née dans les mirages de l'Orient, elle a dû quitter son pays natal à la suite de la mort mystérieuse de ses parents. Ceux-ci lui ont laissé une immense fortune. Elle est alors venue à Paris et s'est rendue célèbre par la vie luxueuse et débridée qu'elle mène dans sa suite à l'Hôtel Royal-Concorde. Personne n'a oublié qu'elle a brisé le cœur de trois princes héritiers, de dix sultans, d'une bonne quinzaine d'émirs et qu'elle a ruiné beaucoup plus de magnats de la finance à elle seule que toutes les danseuses et actrices du monde réunies.

Notre ami Calliope, toujours à l'aise dans les situations mondaines, est allé enquêter sur place. Il s'est longuement entretenu avec l'inspecteur Pépin, de la Brigade mondaine, et avec l'homme le mieux renseigné de l'hôtel, le portier.

M. Calliope	Bonjour, inspecteur, vous êtes chargé de l'enquête sur le vol des bijoux de la princesse Fatoum, n'est-ce pas?
L'inspecteur	C'est exact, Monsieur, mais à part cela je ne peux pas vous dire grand'chose.
M. Calliope	Si mes souvenirs sont exacts, c'est bien vous qui avez résolu la fameuse énigme du vampire du Bois de Boulogne. Un bel exploit! Mais, avez-vous des indices dans cette affaire?
L'inspecteur	Ma foi, non! La chose se présente mal. Les indices que nous avons recueillis jusqu'à maintenant sont minces. Tout ce que nous savons, c'est que le vol a eu lieu avant-hier entre 21h et 23h50. La princesse est rentrée d'un dîner avec . . . euh, quelqu'un dont nous devons préserver l'anonymat. Quand elle a voulu ranger ses bijoux dans son coffre, elle s'est aperçue qu'il était vide. Tous ses autres bijoux avaient disparu!
M. Calliope	Quel est le montant du vol?
L'inspecteur	Oh, des dizaines de millions! Elle n'avait pas l'habitude de porter du toc!
M. Calliope	Les voleurs ont-ils laissé des traces?

L'inspecteur	Hélas non, et c'est ça que nous ne comprenons pas. Il n'y a pas d'autres empreintes digitales sur le coffre que celles de la princesse. Rien n'a été déplacé dans la chambre. Les portes et les fenêtres étaient fermées. C'est vraiment le mystère!
M. Calliope	Est-ce que vous avez une hypothèse?
L'inspecteur	Oui, bien sûr, les policiers ne sont jamais à court d'hypothèses, vous savez. Mais là, je regrette, c'est secret!
M. Calliope	Eh bien, inspecteur, je vous souhaite bon courage et merci malgré tout pour ces quelques précisions.

M. Calliope	Bonjour, Monsieur, vous êtes portier de l'hôtel depuis combien d'années?
Le portier	Depuis dix-huit ans, Monsieur.
M. Calliope	Vous êtes donc entré en service à l'époque où la princesse Fatoum est arrivée à Paris. Que pensez-vous d'elle?
Le portier	Oh, elle a toujours été charmante avec moi. Elle m'a couvert de pourboires et de cadeaux. Et puis, elle est si belle!
M. Calliope	Et vous n'avez rien remarqué avant-hier soir?
Le portier	Ma foi, non! Le seul fait curieux, c'est qu'elle portait des bijoux fantaisie quand elle est sortie dîner. Je l'ai remarqué.
M. Calliope	Ses bijoux étaient-ils assurés?
Le portier	Je l'ignore, mais c'est plus que probable.
L'inspecteur	Excusez-moi, Monsieur Calliope. . . . Monsieur, votre carrière de portier s'arrête ici, je vous arrête. C'est vous qui avez volé les bijoux de la princesse Fatoum.
Le portier	Je proteste! C'est une erreur judiciaire!
L'inspecteur	N'insistez pas. Nous savons tout. C'est vous qui avez vendu les bijoux à un receleur du nom de Plancœur. Une chance, nous l'avons arrêté ce midi après des mois de recherches. Il a tout avoué et notamment votre affaire. Alors, vous continuez à nier?
Le portier	Bah! A quoi bon! Oui, c'est vrai, c'est moi qui ai fait le coup.
L'inspecteur	Bon, allez, emmenez-le!
M. Calliope	Mais comment a-t-il fait?
L'inspecteur	Oh, il a avoué, mais pas tout! En fait, c'est la princesse la coupable. Nous savions qu'elle avait des difficultés financières. Alors, elle a eu l'idée de simuler un vol pour toucher la prime d'assurances. En même temps elle a vendu les bijoux par l'intermédiaire du portier, vous savez, ces gens-là connaissent toujours des individus un peu louches.
M. Calliope	Mais pourquoi a-t-il accepté?
L'inspecteur	L'amour, Monsieur, l'amour. Il l'adorait, et elle le savait. D'ailleurs, elle s'assurait toujours son amitié par de solides pourboires. Elle pouvait tout lui demander.
M. Calliope	Ah, amour, amour, tu nous fais faire des folies. . . . Eh bien, je vais pouvoir leur raconter des choses au bureau!

l'Objectif   2,50F
N°4   Jeudi 4 Novembre

VOL du ROYAL-CONCORDE

CAFÉ

Mots et expressions

Le Tout-Paris en bourdonne	The smart set of Paris is humming with it
être sur les dents	to be harassed: **aujourd'hui il y a une noce et notre personnel est sur les dents**
créatures de rêve	dream figures
un personnage hors du commun	an unusual character. **Personnage** is also used for a 'character' in a play
à elle seule	by herself
sur place	on the spot
Si mes souvenirs sont exacts	If I remember rightly
Un bel exploit!	Quite a feat!
La chose se présente mal	Things look bad
du toc	imitation jewellery
C'est vraiment le mystère	It's really a mystery
les policiers ne sont jamais à court d'hypothèses	policemen are never short of theories (**être à court de** — to be short of. **Je suis à court d'argent**)
des bijoux fantaisie	costume jewellery

s'arrêter	The reflexive **s'arrêter** means 'to stop' while **arrêter** means 'to stop someone or something' or 'to arrest someone'.
du nom de Plancœur	by the name of Plancœur
une chance	a piece of luck, a lucky break
ce midi	at midday today
c'est moi qui ai fait le coup	I pulled the job
comment a-t-il fait?	How did he manage it? (**Comment a-t-il fait pour arriver à l'heure?** How did he manage to arrive on time?)
c'est la princesse la coupable	it's the princess who's guilty
toucher la prime d'assurances	to get the insurance money. **Toucher** is 'to touch' but also 'to receive' of money: **J'ai touché mon salaire**: I've got my salary.
Amour, amour, tu nous fais faire des folies	Oh, love, love, you make us do silly things.

Notes sur la langue

1 Plurals

Most words in French simply take 's' in the plural, but notice that words ending in -**eau** and -**eu** have -**x**, with the exception of **bleu** (plural **bleus**).

un jeu   des jeux
un chapeau   des chapeaux

Words ending in -**ou** usually have '**s**' but there are some exceptions. Here are five of the most commonly used: **bijou**, **caillou** (pebble), **chou** (cabbage), **genou** (knee), **hibou** (owl).

2 Position of adverbs

If the verb is in the perfect tense, the adverb usually goes between the auxiliary and the past participle:

Il s'est **longuement** entretenu avec l'inspecteur
Elle a **toujours** été charmante avec moi
Il a **bien** mangé

If the verb is followed by an infinitive the adverb is usually placed between the verb and the infinitive:

Il pouvait **bien** la regarder

In the case of a precise time (like **hier**, **avant-hier**, **demain**) the adverb usually goes after the past participle or infinitive:

Je l'ai vu **hier**
Je vais le voir **demain**

3 Position of *tout*

Note also the position of **tout**:

Elle pouvait **tout** lui demander
Il a **tout** vu

4 -ci, -là

These can be added to a noun which is preceded by **ce**, **cette**, or **ces** to indicate 'this . . . here' or 'that . . . there':

ce journal-ci	this newspaper here
ce journal-là	that newspaper there
Je veux cette robe-là	I want that dress there
Ces voitures-ci sont moins chères	These cars here are less expensive

celui-ci, celui-là

Celui-ci refers to a person or to an object (masculine singular) near the speaker. **Celui-là** refers to a person or object distant from the speaker ('over there'). The feminine singular forms are **celle-ci** and **celle-là**. The plurals are, masculine **ceux-ci**, **ceux-là**, and feminine **celles-ci**, **celles-là**.

Celui-ci est plus élégant que celui-là
Celle-ci est plus longue que celle-là

5 Depuis

Je suis portier depuis dix-huit ans
I have been a porter for eighteen years

Notice that the present is used because the man is still a porter.

J'habite l'Angleterre depuis dix ans
I have been living in England for ten years (and I'm still living here)

Compare this with

J'ai habité l'Angleterre pendant dix ans

which means

'I lived in England for ten years (but I no longer live there)'

6 à l'époque ou . . .

Où can sometimes mean 'when' in such expressions of time as: **le jour où**, **le moment où**, **le matin où**, etc.

J'entre au moment où elle sort
Vous êtes entré en service à l'époque où la princesse est arrivée à Paris.

7 The past participle (see also page 19)

The past participle used with **être** agrees with the subject.

The past participle used with **avoir** agrees with the direct object if it precedes it as a pronoun:

Je l'ai ouverte (**l'** stands for **la porte**)

or if it is preceded by **que**, it agrees with the noun **que** refers to:

La femme énigmatique que la presse a souvent dépeinte . . .
Les indices que nous avons recueillis sont minces.

8 Une quinzaine

The ending **-aine** added to certain numbers indicates an approximate quantity. The numbers it can be added to are: **dix**, **quinze**, **vingt**, and the subsequent tens up to **cent**.

Une dizaine (note the spelling)—about ten
Une vingtaine
Une trentaine
Une quarantaine
Une cinquantaine
Une centaine

Notice the special meanings of **une huitaine** (7 days—i.e. about 8), **une douzaine** (a dozen) and **une quinzaine** (a fortnight, i.e. about 15)

9 Imperfect

This past tense corresponds roughly to the English 'was (-ing)' or 'used to —' (e.g. was reading, used to read).

To form this tense the endings **-ais**, **-ais**, **-ait**, **-ions**, **-iez**, **-aient** are added to the stem of the verb (to find the stem the **nous** form is taken and the ending **-ons** is removed).

Nous port-ons

The imperfect of **porter** is as follows:

Je portais, tu portais, il portait
nous portions, vous portiez, ils portaient.

Use of the imperfect

The imperfect is used to emphasize continuity or repetition. In most cases it describes states or habitual actions.

Les fenêtres étaient fermées
Elle s'assurait son amitié par de solides pourboires

The perfect and the imperfect are often found in the same sentence if it is necessary to contrast two conceptions of time:

Elle s'est aperçue qu'il était vide
Elle portait des bijoux fantaisie quand elle est sortie dîner
Je sortais du bureau quand il est arrivé.

Exercices

1   Est-ce que quelqu'un a vu la police?
               Bien sûr que non, personne ne l'a vue

        Est-ce que quelqu'un a parlé à la Princesse Fatoum
               Bien sûr que non, personne ne lui a parlé

        Est-ce que quelqu'un a volé les bijoux?
        ....

        Est-ce que quelqu'un a découvert l'énigme du Bois de Boulogne?
        ....

        Est-ce que quelqu'un a recueilli les indices de l'affaire?
        ....

        Est-ce que quelqu'un a ouvert le coffre?
        ....

        Est-ce que quelqu'un a parlé au coupable?
        ....

2   La police est-elle sur les dents?
               C'est vous qui êtes sur les dents

        Est-ce une femme énigmatique?
               C'est vous qui êtes une femme énigmatique

        Est-ce qu'elle croit aux mirages de l'Orient?
        ....

        Est-ce une créature de rêve?
        ....

        Est-ce qu'elle a brisé le cœur de dix sultans?
        ....

        Est-ce qu'elle a ruiné une quinzaine d'émirs?
        ....

        Est-ce que Calliope est allé enquêter sur place?
        ....

        Est-ce que Pépin fait partie de la Brigade mondaine?
        ....

        Est-ce que le portier est l'homme le mieux renseigné de l'hôtel?
        ....

        Est-ce que Plancœur a volé les bijoux de la princesse?
        ....

3   Je ne peux pas vous dire grand'chose
           Je ne pouvais pas vous dire grand'chose

       Le portier est l'homme le mieux renseigné de l'hôtel
       ....
       Le crime a lieu au Bois de Boulogne
       ....
       La chose se présente mal
       ....
       Nous voulons préserver l' anonymat
       ....
       Vous avez une hypothèse?
       ....

4   **Exercices écrits**

       Make the past participle agree where necessary:

       C'est le vol que nous avons (observé)
       ....observé...................................
       Ce sont les indices que nous avons (remarqué)
       ....remarqués.................................
       Voici les danseurs que nous avons (applaudi)
       ....applaudis.................................
       Voici les actrices que nous avons (salué)
       ....saluées...................................
       C'est la princesse qui est (né) en Orient
       ....née.......................................
       C'est la femme qui a (perdu) ses bijoux
       ....perdu.....................................
       Ce sont les hommes qui ont (volé) le coffre
       ....volé......................................
       C'est la dame qui est (rentré) à 21 heures
       ....rentrée..................................
       Ce sont les hypothèses que la police a (formulé)
       ....formulées...............................
       Ce sont les cadeaux que la princesse a (fait) au portier.
       ....faits....................................

5   Put the introduction to the dialogue into the imperfect.
       (Note that **Il faut dire que** and **Personne n'a oublié** should remain the same).

Notes sur la vie

La police

There are various different bodies in charge of maintaining law and order. These include:

1. La Police judiciaire (P.J.) who deal with crime. **La Brigade mondaine** is one section of this.

2. La Sécurité publique who look after law and order in the towns.

3. Les Compagnies républicaines de sécurité (C.R.S.) who look after the traffic, deal with riots and provide help in the event of large scale disasters. It is the Gendarmerie nationale who look after law and order in the country areas.

Où l'on parle boutique

Calliope, qui n'est pas encore revenu de ses émotions au Royal-Concorde, rentre au bureau. Inutile de dire qu'il brûle de raconter tout cela à ses collègues. Il retrouve Madame Becque qui revient d'un voyage en province et semble être aussi d'humeur très bavarde. Comme tous les deux ont faim, ils décident d'aller se raconter leurs aventures dans un petit restaurant du Quartier Latin. La conversation promet d'être animée. Mais il est facile de prévoir que deux Français, surtout à table, se mettront à parler bons plats et bons vins.

La serveuse	Bonjour Messieurs Dames, deux couverts?
M. Calliope	Oui . . . Voyons, qu'est-ce que nous allons prendre. Hors-d'œuvre variés ou potage? Moi, je crois que je vais plutôt prendre les hors-d'œuvre, ils sont toujours très copieux, ici.
Mme Becque	Moi, je préfère la soupe, surtout le soir. C'est ma vieille nature paysanne qui ressort! Et puis le velouté de champignons, j'adore ça!
La serveuse	Bien, alors, une soupe et un hors-d'œuvre. Et ensuite?
M. Calliope	Ensuite . . . là, il y a le choix! Tiens, je vais prendre des tripes à la mode de Caen, ça fait longtemps que je n'en ai pas mangé.
Mme Becque	Moi, je prends le châteaubriant pommes frites.
La serveuse	Oui, une tripe, un château frites. Vous voulez le château comment? Saignant, bien cuit ou à point?
Mme Becque	A point, s'il-vous-plaît.
La serveuse	Et pour terminer, qu'est-ce que ces Messieurs Dames prendront?
M. Calliope	Une crème caramel pour moi.
Mme Becque	Et moi . . . hum . . . une glace à la fraise.
La serveuse	Et qu'est-ce que vous boirez avec ça?
M. Calliope	Oh, donnez-nous le pichet de rouge maison.
La serveuse	Merci Messieurs Dames et bon appétit!

Mme Becque	Alors, Calliope, racontez-moi vos aventures.
M. Calliope	Eh bien voilà, je faisais un reportage sur le vol des bijoux de la princesse Fatoum, et j'étais allé au Royal-Concorde. Bon, j'interviewe l'inspecteur chargé de l'enquête, puis le portier. Et là, vous ne me croirez peut-être pas, j'étais en train d'interroger le portier, voilà l'inspecteur qui revient et qui met la main au collet du portier. Vous parlez d'une surprise!
Mme Becque	Et c'était lui le coupable?
M. Calliope	Oui et non. C'était en fait la princesse qui avait fait vendre ses bijoux par le portier. Elle avait en même temps simulé un vol pour toucher la prime d'assurances.

Mme Becque	Ah ben ça alors, c'est inouï. Vous allez sûrement écrire un article formidable là-dessus. Eh bien moi, je suis aussi allée dans un hôtel mais mes aventures n'ont pas été aussi sensationnelles que les vôtres. J'ai fait une excursion gastronomique dans la Sarthe. Vous savez, c'est pour cet article sur les Quatre Jours du Mans. Et j'ai déniché un petit hôtel for-mi-dable!
M. Calliope	Ah, ah, ça m'intéresse, où ça?
Mme Becque	Dans la campagne, un tout petit village. D'abord la chambre était impeccable: jolie vue, meubles rustiques, une très belle décoration, un grand lit. Cabinet de toilette avec douche dans une pièce séparée . . . enfin, vraiment parfait. Le tout, tenez-vous bien, 20 F. taxes et service compris, petit déjeuner en plus bien entendu.
M. Calliope	Formidable, il faudra me donner l'adresse. Et la cuisine?
Mme Becque	Alors là, ça avait l'air d'une blague. Ecoutez un peu le menu: hors-d'œuvre variés, et pas n'importe quels hors-d'œuvre: cœurs de palmiers, cœurs d'artichauts, saumon fumé, copieux hein! Ensuite, terrine de pâté de canard, préparée par le patron lui-même!
M. Calliope	Oh, là, là, vous me mettez l'eau à la bouche! Quel début! Et le reste?
Mme Becque	Ensuite, il y avait une portion énorme d'écrevisses à l'armoricaine, puis une tranche de Charolais avec des morceaux de truffes dans la sauce.

M. Calliope	Mais c'est le festin de Pantagruel, votre histoire!
Mme Becque	Mais ce n'est pas tout! Après, il y a eu salade, un plateau de fromages à assommer un bœuf et un sorbet au cassis, comme j'en ai rarement mangé. Le tout arrosé d'un petit Muscadet sec et frais et d'un Côtes de Beaune 1964 fameux.
M. Calliope	Et la douloureuse?
Mme Becque	Eh bien, je n'en suis pas revenue! Ça m'a coûté 25 F. tout compris: le vin, le repas, le service et un café. Pas croyable, hein?
M. Calliope	Ah oui alors! Je crois que je vais très bientôt aller faire un reportage dans la région. Je m'intéresse beaucoup à l'habitat local: aux hôtels en particulier!

Mots et expressions

Où l'on parle boutique	Where they talk shop (see also **se mettront à parler bons plats et bons vins**)
Calliope, qui n'est pas encore revenu de ses émotions	Calliope, who hasn't yet got over his experience. See also Madame Becque's **je n'en suis pas revenue** . . . I haven't got over it . . .
Inutile de dire qu'il brûle de raconter tout cela	Needless to say, he's dying (lit. burning) to tell it all
d'humeur très bavarde	in a very chatty mood
tous les deux	both—for two women you would say **toutes les deux**
le Quartier Latin	the Latin Quarter. The student district on the left bank, centred around the Sorbonne.
se mettront à parler bons plats et bons vins	will start talking about good food and good wine
Bonjour Messieurs Dames	An expression often used when entering a shop, or as a greeting by waiters. It is also used by waiters when taking orders. (See also **Qu'est-ce que ces Messieurs Dames prendront?**) It is a fairly common form of address which has no equivalent in English.
deux couverts?	two? (lit. two place-settings). Note that it also means 'cover charge' on a menu: **pain, couvert et service compris.**
C'est ma vieille nature paysanne qui ressort!	It's my old peasant habits coming out!

il y a le choix	there's plenty of choice. You can also say: **il y a du choix** or **il y a beaucoup de choix**.
des tripes à la mode de Caen	tripe cooked as they do in Caen; a speciality—it is a casserole of tripe, carrots and bacon cooked very slowly in white wine.
le châteaubriant pommes frites	Notice that **avec** is understood.
une tripe, un château frites	An even shorter version. Orders are often abbreviated like this by waiters. For instance, a black and a white coffee would be ordered by the waiter as **deux dont un**, meaning **deux cafés, dont un crème**—two coffees, one of them white.
Saignant, bien cuit ou à point	rare, well-done or medium
une glace à la fraise	a strawberry ice
le pichet de rouge maison	a carafe of the red wine selected by the owner of the restaurant. (You could also say: **la carafe de rouge maison**). If you want a cheap wine this is often a good choice.
Alors, Calliope . . .	Among colleagues men are often addressed by their surname.
voilà l'inspecteur qui revient	when back comes the inspector
Vous parlez d'une surprise!	Talk about a surprise!
c'est inouï	that's fantastic
la Sarthe	a '**département**' situated in the northwest of France, 150 miles south-west of Paris. The main town is Le Mans. Its gastronomic speciality is '**rillettes**': mashed pork cooked in fat.
les Quatre Jours du Mans	An annual agricultural fair held in Le Mans in September: an opportunity for country people of the region to come and see the latest developments, and to enjoy themselves at the same time with wine-tasting, etc.
cabinet de toilette	a room with washing facilities; a wash-hand basin (**un lavabo**), a **bidet** and perhaps a shower (**une douche**). If it had a bath it would be called **salle de bains**.
tenez-vous bien . . .	wait for it . . .
20 F. taxes et service compris	20 francs including tax and service
il faudra me donner l'adresse	**Faudra** is the future of **falloir** (present: **il faut**): You'll have to give me the address.

44

ça avait l'air d'une blague	It seemed like a joke.
cœurs de palmiers	palm hearts/hearts of palm
terrine de pâté de canard	terrine of duck pâté
vous me mettez l'eau à la bouche!	you're making my mouth water!
écrevisses à l'armoricaine	crayfish in a hot spicy tomato sauce
une tranche de Charolais	a slice of Charolais beef—Charolais is a region in Burgundy famous for its cattle
Mais c'est le festin de Pantagruel	It's the banquet of Pantagruel. Pantagruel, a character from Rabelais, was a very greedy giant.
à assommer un bœuf	to fell an ox
comme j'en ai rarement mangé	such as I've rarely eaten
arrosé	washed down (**café arrosé**—laced coffee; **arrosons ton anniversaire**—let's have a drink to celebrate your birthday)
fameux	excellent
la douloureuse	the bill (lit. the painful)

Notes sur la langue

The pluperfect tense

This is formed by the imperfect of **être** (j'étais, etc.) or **avoir** (j'avais, etc.) and the past participle.

J'étais allé au Royal-Concorde
La princesse avait simulé un vol

The pluperfect corresponds to the English 'I **had gone**', 'the princess **had made** it look like a robbery' and is used to indicate an action preceding in time the main action which is also in the past and which is either expressed (usually with a perfect or imperfect) or implied.

Il était déjà parti quand l'inspecteur est arrivé.

For when to use **avoir** and when to use **être** see page 19.

Use of the present in narration

When you are telling a story which has already happened and you want to make it more vivid, you can use the present, as Calliope does:

Bon, j'interviewe l'inspecteur
Voilà l'inspecteur qui revient et qui met la main au collet du portier.

3 Être en train de

The expression **être en train de** . . . is used to indicate what was or is continuing at a precise moment; it can be either present:

Il est en train de lire le journal.

He is (at this very moment) reading the newspaper.

or imperfect

J'étais en train d'interroger le portier.

I was (at that very moment) questioning the porter.

Nous étions en train de boire un petit Muscadet.

4 En

Ça fait longtemps que je n'en ai pas mangé.

It's ages since I ate them,—I haven't eaten them for a long time.

Notice the use of **en**, which refers here to **des tripes à la mode de Caen.**

En is used to replace nouns introduced by **de, du, de la, de l'** or **des.** It is invariable.

Avez-vous mangé des tripes?	Non, je n'en ai pas mangé.
Est-ce que vous avez mangé du sorbet au cassis?	Oui, j'en ai mangé mais rarement.

En can be translated as 'of it', 'of them', 'them', 'it', but often there is no translation in English.

Combien de frères avez-vous?   J'en ai deux

(I have two.)

5 Emphasis

Et c'était lui le coupable?   And was he the guilty person?

The word order and the use of the stressed pronoun emphasizes *he*. See also **C'est la princesse la coupable** (in Lesson 4).

6 Tout

Tout can be used to strengthen the meaning of certain adjectives. Used like this it can usually be translated as 'very':

un tout petit village	a very small village
une toute petite fille	a very small girl

Le tout, the noun, means 'everything'

Le tout, tenez-vous bien, 20 F. taxes et service compris.

Everything, wait for it, 20 F. tax and service included.

Faire and the infinitive

Faire and the infinitive means 'to have something done'

La princesse avait fait vendre ses bijoux.
The princess had had her jewels sold.

Il fait construire une maison.
He is having a house built.

If you mention who is actually doing it then you use **par**:

La princesse avait fait vendre ses bijoux par le portier
(by the porter)
Il fait construire une maison par des architectes italiens.

Exercices

1

Choisirez-vous du vin rouge?   Oui, j'en choisirai
(Oui, nous en choisirons)

Prendrez-vous des hors-d'œuvre? ....
Mangerez-vous des tripes? ....
Parlerez-vous de l'hôtel? ....
Boirez-vous du Muscadet? ....
Reviendrez-vous du Mans? ....
Reprendrez-vous des frites? ....

2

La princesse vend ses bijoux elle-même?
Non, elle les fait vendre par un ami.

Calliope raconte son voyage lui-même?
Non, il le fait raconter par un ami.

Madame Becque achète une voiture elle-même?
....

Calliope termine son article lui-même?
....

La serveuse apporte le pichet de vin rouge elle-même?
....

Le commissaire interroge le coupable lui-même?
....

Le journaliste écrit l'article lui-même?
....

Calliope fait les excursions gastronomiques lui-même?
....

3

Il a déjà raconté l'histoire?	Non, il est en train de la raconter.
Le portier a déjà monté les bagages?	Non, il est en train de les monter.

Calliope a déjà bu son verre de vin? ....

La princesse a déjà vendu ses bijoux? ....

Le journaliste a déjà écrit son article? ....

Il a déjà fini son reportage? ....

Elle a déjà lu le journal? ....

4

Calliope raconte ses aventures.	Calliope racontait ses aventures.

J'interviewe le portier de l'hôtel. ....

La conversation promet d'être animée. ....

Le coffre est vide. ....

Les bijoux ne sont plus là. ....

Le receleur avoue tout. ....

Le portier nie le vol. ....

♪ℓotes sur la vie

La cuisine

French meals differ from English meals both in times and size.

7–8 a.m. Breakfast (**le petit déjeuner**) is usually reduced to a cup of black or white coffee with slices of bread, butter and jam. The famous **croissants** are rarely eaten in the family, except at weekends, but are a must in hôtels and cafés.

12 noon Lunch (**le déjeuner**) is very often a big meal with **hors-d'œuvre**, meat with vegetables, salad, cheese and dessert.

There is no equivalent of the five o'clock tea: the only people who have anything like that are schoolchildren or visitors. It is then called **le goûter**.

7–8 p.m. Dinner (**le dîner**) is the family meal: the menu is often soup, some kind of **entrée** (or not), a vegetable, salad, cheese and dessert.

For special occasions the menu can be extended to colossal proportions and in rural areas, for weddings or banquets, you often get menus such as this:

> **Hors-d'œuvre variés** (or soup)
> **Galantine de volaille**
> **Entrée** (often scampi or **coquilles St. Jacques**)
> 1st **Plat de résistance** (often poultry)
> 2nd **Plat de résistance** (often leg of lamb)
> Appropriate vegetables
> Salad
> Cheese
> Dessert
> Coffee (with Calvados or Rhum, etc.)
> Liqueurs (usually referred to as **pousse-café**)

Cheese is eaten before and not after dessert as is often the case in England.

CARTE DES PRINCIPAUX FROMAGES DE FRANCE

Conseils utiles

Les vacances sont encore loin, mais Paris est aussi accueillant en hiver qu'en été. Il y a moins de monde, moins de touristes et Paris à cette époque est le vrai Paris. Donc, pourquoi ne pas passer Noël à Paris? Les rues sont décorées, les vitrines ont leur plus belle parure de l'année, tous les magasins sont ouverts. Bref, c'est la grande période de ce que les Français appellent 'le shopping'.

Pour ceux que l'idée intéresse, Annie Ducros est allée interroger un fonctionnaire du Commissariat au tourisme. Elle lui a demandé quelques conseils utiles pour le tourisme à Paris.

A. Ducros Monsieur, nous avons beaucoup de lecteurs étrangers et nous pensons qu'ils aiment la France et Paris et que certains viendront à Noël dans notre capitale. Pouvez-vous nous donner quelques conseils à ce sujet?

Le monsieur Mais volontiers. D'abord, pour ceux qui viennent à Noël à Paris pour une courte période, il y a un conseil capital: il vaut mieux ne pas venir en voiture. Il est impossible de circuler dans la zone des grands magasins et les malheureux conducteurs étrangers risquent d'être affolés par la circulation parisienne.

A. Ducros Trouvez-vous les transports en commun suffisants pour se déplacer facilement?

Le monsieur Mais naturellement! Le métro est parfait. Il est vieux, il sent mauvais, il ne faut pas le prendre aux heures de pointe, mais à part ça, c'est le moyen de transport qui vous permet d'aller où vous voulez en étant sûr d'arriver à l'heure.

A. Ducros Vous ne pensez pas que le métro français est un peu compliqué?

Le monsieur Mais non, c'est enfantin. C'est la dernière station sur la ligne qui vous donne la direction, par exemple direction Vincennes ou direction Neuilly.

A. Ducros Et les autobus?

Le monsieur Pour les autobus, c'est assez différent. D'abord le réseau est très compliqué et il faut bien le connaître. Ensuite l'autobus est hélas soumis aux embouteillages et il est donc plus lent que le métro. Mais l'avantage, évidemment, c'est qu'on voit très bien Paris de cette façon.

A. Ducros Le taxi vous semble-t-il un bon moyen de transport dans Paris?

Le monsieur Pour quelqu'un de riche et pour quelqu'un qui veut aller à une adresse précise sans devoir marcher, oui! Sinon, c'est assez cher, et on perd parfois un temps et un argent fous dans les embouteillages. Mais c'est utile si l'on a des paquets.

A. Ducros Maintenant parlons des hôtels. Comment choisir un bon hôtel?

Le monsieur Là, c'est un problème complexe. D'abord, tout dépend des moyens financiers. Paris offre un éventail très vaste en ce qui concerne les

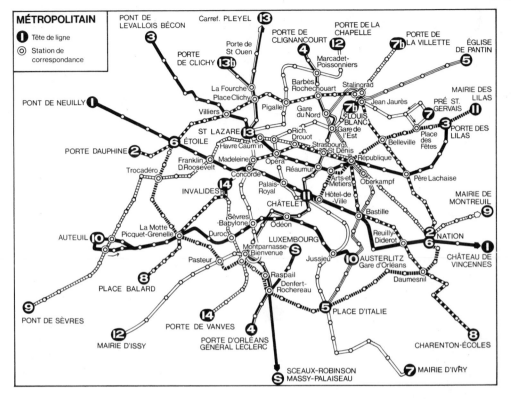

MÉTROPOLITAIN

- **❶** Tête de ligne
- **◎** Station de correspondance

1 Pont de Neuilly—Château de Vincennes	9 Mairie de Montreuil—Pont de Sèvres
2 Porte Dauphine—Nation	10 Gare d'Orléans (Austerlitz)—Porte d'Auteuil
3 Pont de Levallois Bécon—Porte des Lilas	11 Châtelet—Mairie des Lilas
4 Porte d'Orléans—Porte de Clignancourt	12 Porte de la Chapelle—Mairie d'Issy
5 Eglise de Pantin—Place d'Italie	13 Carref. Pleyel—Gare St. Lazare
6 Place de l'Etoile—Nation	13b Porte de Clichy—Gare St. Lazare
7 Pré-St-Gervais—Mairie d'Ivry	14 Porte de Vanves—Invalides
7b Porte de la Villette—Louis Blanc	S Luxembourg—Sceaux-Robinson
8 Charenton-Ecoles—Place Balard	Massy-Palaiseau

hôtels. Ça va des palaces de la rive droite aux hôtels minables des Halles. Pour quelque chose de correct, il faut compter trente-cinq à quarante francs. Mais attention aux taxes, service et petit déjeuner. Ils font parfois monter le prix de façon importante.

A. Ducros   Mais comment un étranger peut-il connaître la catégorie d'un hôtel, car souvent les apparences sont trompeuses.

Le monsieur   Les hôtels sont répartis en quatre catégories: une, deux, trois et quatre étoiles. Chaque catégorie est divisée en classes: A, B et C. Quand un hôtel est classé, son classement apparaît sur un panneau rond avec un grand H surmonté d'un certain nombre d'étoiles. Pour ma part, je trouve que les 'deux étoiles' sont souvent bien et pas chers. De toute façon, il est toujours préférable de visiter la chambre avant de se décider.

A. Ducros   Un problème préoccupe aussi beaucoup les touristes. C'est celui des restaurants. Comment peut-on manger bien et pour pas cher maintenant à Paris?

HÔTEL ROYAL-CONCORDE

3 étoiles
s/catégorie A

14, RUE BOISSY-D'ANGLAS
PARIS. 8ème

N° *281* M *Dupont* VILLE

MOIS D_____ JOURS	24	25	26	27				TOTAL
REPORTS		50 00	105 50	155 50				
APPARTEMENT	50 00	50 00	50 00					
ARRANGEMENT								
PETIT DÉJEUNER				7 —				
DÉJEUNER								
DINER								
CARTE								
THÉ, 1/2 TASSES, DIVERS								
DOMESTIQUES								
BAINS								
CHIENS								
VINS								
APÉRITIFS, LIQUEURS								
BIÈRE, JUS DE FRUITS								
EAUX MINÉRALES								
TÉLÉPHONE INTER		5 —						
PARIS		0 50		0 50				
TOTAL DU JOUR								
A DÉDUIRE								163 —
A REPORTER	50 00	105 50	155 50	163 —				2 —
							TOTAL	165 —

M *Dupont*

N° *281*

NOTE HOTEL _____ 163 —

TIMBRE _____ 2 —

TOTAL _____ 165 —

LES NOTES DOIVENT ÊTRE RÉGLÉES CHAQUE SEMAINE

Le monsieur   Là encore, tout est relatif. Si certains peuvent se payer les quelques 'trois étoiles' du guide Michelin qu'il y a à Paris, ils connaîtront la crème de la cuisine française. Mais on peut très bien manger pour beaucoup moins cher. Seulement, il faut respecter certaines règles.

A. Ducros   Quelles sont ces règles? Je pense qu'il peut être utile de savoir comment choisir un restaurant.

Le monsieur   D'abord, il faut bien regarder les prix avant d'entrer. S'il y a un menu à prix fixe, c'est souvent plus avantageux. Il faut regarder aussi le nombre de plats et en particulier, c'est un test, s'il y a salade, fromage *et* dessert. Mon père n'entrait jamais dans un restaurant qui donnait fromage *ou* dessert. Remarquez, les restaurants qui donnent les trois sont hélas bien rares maintenant. C'est dommage car 'un repas sans fromage, c'est comme une belle fille à qui il manque un œil'.

A. Ducros	Et en ce qui concerne les prix?
Le monsieur	Les restaurateurs semblent faire des efforts pour offrir un menu à trois plats, hors-d'œuvre, plat de résistance, dessert pour 15 F. Mais il faut faire bien attention. Ça doit être 15 F. service et vin compris, sinon ça fait monter l'addition.
A. Ducros	Un dernier conseil?
Le monsieur	Oui, je n'entre jamais dans un restaurant vide. C'est mauvais signe. Là où c'est plein, c'est sûrement bon et pas cher.
A. Ducros	Merci infiniment, Monsieur, pour ces précieux conseils. Je suis certaine que nos touristes en profiteront.

Mots et expressions

Conseils utiles	Useful advice. Notice that **conseil** can be plural. It really means 'piece of advice'.
le shopping	**faire son shopping**, to do one's shopping (but shopping on a grander scale than **les courses** which would be the regular day-to-day food shopping).
le Commissariat au tourisme	French Tourist Office
... certains d'eux viendront à Noël dans notre capitale	Note that we say **venir dans la capitale** but **venir à Paris.**
il vaut mieux ne pas venir en voiture	it's better not to come by car
aux heures de pointe	in the rush hour. (In Paris these are around 8 a.m., midday and between 6 and 8 in the evening. There is an expression: **On dirait le Nord-Sud à midi et demie;** It's like the North-South Metro line at half-past twelve. This is used when you find yourself in the midst of a great crowd.)
on perd parfois un temps et un argent fous	you sometimes waste an awful lot of time and money.
tout dépend des moyens financiers	It all depends on one's financial means. Note that 'to depend on' is **dépendre de.**
la rive droite	the right bank (more upper class than the **rive gauche**)

Les Halles	It used to house the big food market of Paris, now moved to Rungis, near Orly.
Pour quelque chose de correct	For something decent. **Correct** is often used in the sense of 'punctilious', 'polite', 'suitably dressed'.
Ils font parfois monter le prix de façon importante	They can sometimes put the price up considerably. (See also **Sinon, ça fait monter l'addition**: Otherwise that puts up the bill.) Note the meaning of **important: Il a gagné une somme importante.** He has won a considerable sum of money.
pour pas cher	cheaply
un menu à prix fixe	a set menu with fixed dishes and price
un repas sans fromage, c'est comme une belle fille à qui il manque un œil	a meal without cheese is like a beautiful girl with one eye missing
le plat de résistance	the main dish

Notes sur la langue

The present participle

The present participle ends with the suffix -ant. Generally the present participle can be derived from the **nous** form of the present tense.

donner—nous donnons—Present Participle, **donnant** (giving)
venir—nous venons—Present Participle, **venant**
but
avoir—nous avons—Present Participle, **ayant**
être—nous sommes—Present Participle, **étant**.

When preceded by **en**, (**en arrivant** . . .), it corresponds to 'while (arriv-)ing', 'on (arriv-)ing'.

En entrant dans le restaurant, je vois qu'il est plein.
En mangeant ma soupe, j'ai trouvé un cheveu.

Tout en gives the idea that the two actions are simultaneous:
Tout en faisant la cuisine, elle chante.

2   Use of the infinitive

Avant meaning 'before' in such expressions as 'before going', 'before arriving' is followed by **de** and the infinitive:

Il est préférable de visiter la chambre avant de se décider à la prendre.
On regarde si le restaurant est plein avant d'entrer.

The negative of the infinitive:

Pourquoi ne pas passer Noël à Paris?
Why not spend Christmas in Paris?

Notice that the two negative words (**ne pas**) are placed before the infinitive. This position is only possible with infinitives.

Il vaut mieux ne pas venir en voiture.

Quelqu'un de . . . quelque chose de . . . rien de . . .

All adjectives following indefinite expressions with **quelque** and **rien** must be preceded by **de**:

C'est quelqu'un de riche.
Ce restaurant a quelque chose d'intéressant.
Cet hôtel n'a rien de spécial.

Si l'on a

l' is often placed between **si** and **on**
Si l'on veut connaître le vrai Parisien, il faut aller à Paris à Noël.

This is done simply because it is easier to say **si l'on** than **si on**.

Exercices

Il se promène et il regarde les voitures.
Tout en se promenant, il regarde les voitures.
Elle visite Paris et elle fait son shopping.
Tout en visitant Paris, elle fait son shopping.

Elle regarde la télévision et elle boit un apéritif.

Nous voyageons dans le métro et nous lisons notre journal.

Elle parle et elle fait des gestes.

Vous prenez un verre et vous écrivez votre article.

Elle cherche un hôtel et elle trouve un magasin intéressant.

Je fais la cuisine et je chante.

Il conduit sa voiture et il écoute la radio.

J'écris une lettre et j'écoute de la musique.

2   Est-ce qu on peut penser et parler en même temps ?
Non, il faut penser avant de parler.

Est-ce qu'on peut penser et agir en même temps ?

....

Est-ce qu'on peut respirer et nager sous l'eau en même temps ?

....

Est-ce qu'on peut écouter et répondre en même temps ?

....

Est-ce qu'on peut réfléchir et se décider en même temps ?

....

Est-ce qu'on peut viser et tirer en même temps ?

....

3   Est-il riche ?   Oui, c'est quelqu'un de riche.
Est-ce cher ?   Oui, c'est quelque chose de cher.

Est-il pauvre ? ....

Est-ce froid ? ....

Est-il généreux ? ....

Est-il fort ? ....

Est-ce beau ? ....

Est-il accueillant ? ....

Est-ce utile ? ....

Est-ce précieux ? ....

4   Faut-il venir en voiture ?
Non, il vaut mieux ne pas venir en voiture.
Faut-il prendre les transports en commun ?
Non, il vaut mieux ne pas les prendre.

Faut-il se déplacer en taxi ?

....

Faut-il prendre l'autobus ?

....

Faut-il entrer sans frapper ?

....

Faut-il nier le crime ?

....

Faut-il partir sans payer ?

....

Faut-il donner son nom ?

....

Notes sur la vie

Le métro

The main characteristics of the French tube are:

The trains usually run in two-way tunnels, not in an individual corridor. The price of the ticket does not change according to the distance, whether you go to the next station or right across Paris. The **métro**, with its army of **poinçonneurs** (ticket-punchers) and its **chef de station** for each stop, is less automated than the London tube. Very fast trains on tyres have been introduced, which have the advantage of being much quieter than the old rattling carriages. There are first and second class compartments.

The direction in which the train is travelling is always shown on platforms and the **correspondances** (connections with other lines) are clearly indicated.

Les autobus

The network of buses is dense and rather intricate. This is a very pleasant way of travelling when time is no problem and some routes go past most of the interesting places and buildings in Paris. Unlike the tube, fares vary according to the distance covered. Travelling by bus has been speeded up by the introduction of special lanes of traffic reserved for buses, taxis and emergency vehicles during most of the day. Both for the tube and for buses, it is cheaper to buy a **carnet** (book of tickets) rather than individual tickets. Fare stages are known as **sections** and the conductor (**receveur**) quotes the price as **deux tickets, trois tickets** etc., according to the length of the journey.

Les taxis

Taxis are fairly expensive in Paris. There is a fixed **prise en charge**, plus the fare, plus the tip which is almost compulsory and is usually from 10% to 15%.

Le Village Suisse

Paris est le paradis des amateurs d'art. Ses nombreux musées sont bien connus et la ville déborde de curiosités architecturales et artistiques de toutes sortes. Mais ses trésors ne se limitent pas là: Paris compte aussi une multitude de galeries d'art et de magasins d'antiquités. On peut tout y trouver, du tableau de maître à l'aquarelle d'un jeune peintre d'avenir, ou du fauteuil Louis XV au bibelot encore bon marché mais qui prendra de la valeur.

Madame Becque est allée fureter au Marché aux Puces et au Village Suisse voir si l'on peut encore y faire des trouvailles et des affaires.

Mme Becque	Bonjour, Madame, c'est combien cette théière s'il vous plaît?
La dame	Voyons, attendez. Ah, sans mes lunettes, je ne vois rien. C'est bien triste de vieillir, vous savez. Ah voilà! 50 F. . . . oh, ce n'est pas très ancien. C'est Second Empire au maximum. Mais c'est gracieux, vous ne trouvez pas? Et puis, qu'est-ce qu'on a pour 50 F. aujourd'hui!
Mme Becque	Oui, mais je trouve que 50 F. c'est un peu cher. C'est votre dernier prix?
La dame	Ah, les clients sont terribles! Non, je ne peux rien vous faire là-dessus.
Mme Becque	Oh, mais dites donc, le bec a été réparé, ça diminue beaucoup la valeur ça!
La dame	Ah tiens oui, c'est vrai! Je ne l'avais pas remarqué.
Mme Becque	Dans ce cas, je ne la prends pas. J'ai pour principe de n'acheter que des choses impeccables. Je trouve que sinon, ça n'a aucune valeur si

l'on veut revendre. Bon, eh bien tant pis! Ah oui, je voulais vous demander, vous n'avez pas une petite bibliothèque tournante en acajou? Ça fait longtemps que j'en cherche une.

La dame   Ma foi, vous avez de la chance! J'en ai acheté une dans une vente aux enchères samedi dernier. Elle est impeccable et d'époque. Tenez, regardez! Elle fait 980 F.

Mme Becque   Oh oui, elle est splendide. Mais elle a l'air bien neuve. Vous êtes sûre que ce n'est pas une copie?

La dame   Ah ça, j'en suis certaine. Je peux vous le garantir sur facture. Comme ça, si je me suis trompée, je vous la reprends au même prix.

Mme Becque   C'est en fait un cadeau que je fais à ma mère. Est-ce que vous livrez en province par hasard?

La dame   Ça dépend—c'est pour quelle ville?

Mme Becque   Rouen.

La dame   Oh, si c'est Rouen, c'est possible. Mon mari y va souvent chercher de la marchandise. Je peux lui demander d'emporter votre bibliothèque quand il y va.

Mme Becque   J'en serai ravie. Voilà mon chèque . . . et voici l'adresse.

La dame   Merci, et au plaisir.

Mme Becque   Bien, au revoir, Madame, et à bientôt peut-être.

Mme Becque   Bonjour, Monsieur, vous êtes antiquaire mais vous vous occupez aussi du développement du Village Suisse. Comment se présente la situation actuelle?

L'antiquaire   La situation actuelle est assez bonne. Nous pensions à un certain moment que le Village Suisse allait disparaître, et nous nous sommes en fait trouvés inclus dans un plan d'ensemble. Avec la création d'immeubles neufs, nous avons pu nous agrandir et nous moderniser.

Mme Becque   Comment marchent les affaires?

L'antiquaire   Oh, vous savez, dans l'antiquité, ça ne s'affole jamais! Il y a beaucoup de curieux mais peu d'acheteurs. Enfin, il y a toujours un petit mouvement. Ça marche surtout bien l'été, avec les touristes.

Mme Becque   Est-ce que vous pouvez donner quelques conseils aux gens qui désirent acheter des antiquités à Paris?

L'antiquaire   Certainement. D'abord il y a une grande variété d'endroits: le Marché aux Puces, les magasins d'antiquaires, les brocanteurs et, bien sûr, le Village Suisse! Ça dépend du prix. Les antiquaires professionnels sont toujours les plus chers. Les vraies 'affaires' se font chez les brocanteurs et au Marché aux Puces, mais alors il faut bien s'y connaître.

Mme Becque   Oh, mais il m'est arrivé de faire de très bonnes affaires chez des antiquaires. Surtout en province d'ailleurs. Mais, excusez-moi, je vois une bague qui me plaît bien dans votre petite vitrine. Est-ce que je peux la voir?

L'antiquaire   Mais certainement. C'est une intaille ancienne mais la monture est moderne.

Mme Becque   C'est de l'or?

L'antiquaire	Ah oui, 18 carats. D'ailleurs, regardez les poinçons. La pierre représente une danseuse romaine.
Mme Becque	Est-ce que je peux l'essayer?
L'antiquaire	Mais certainement. Voici. Qu'en pensez-vous?
Mme Becque	Je trouve qu'elle est un peu grande. Est-ce que vous pouvez me la rétrécir?
L'antiquaire	Oh, moi non! Mais n'importe quel bijoutier vous fera ça.
Mme Becque	Eh bien . . . oh, je suis incorrigible, je suis incapable de résister: je la prends. Est-ce que vous pouvez me la garder? Je vais vous donner un acompte.
L'antiquaire	D'accord, la bague fait 350 F., donnez-moi 50 F. et je vous la mets de côté.
Mme Becque	Voilà. Bien . . . au revoir, Monsieur.
L'antiquaire	Au revoir, Madame, et merci.

Au Marché aux Puces: un antiquaire . . . antique!

amateurs d'art	lovers of art
magasin d'antiquités ⎫ magasin d'antiquaire ⎭	antique shop
du tableau de maître	from an old master
qui prendra de la valeur	which will increase in value
faire des trouvailles et des affaires	to make finds and get bargains
C'est Second Empire	It's Second Empire (1852-1870)
Je ne peux rien vous faire là-dessus	I can't do anything for you on it
J'ai pour principe de n'acheter que des choses impeccables	I make it a rule only to buy things that are perfect
une bibliothèque tournante en acajou	a revolving bookcase in mahogany (**bibliothèque** also means 'library')
une vente aux enchères	an auction sale
d'époque	period, genuinely of the period
Je peux vous le garantir sur facture	I can guarantee it for you on the bill
au plaisir	short for **au plaisir de vous revoir**— I hope to see you again
un plan d'ensemble	an overall planning scheme
dans l'antiquité, ça ne s'affole jamais	in the world of antiques, things are never madly busy
Mais alors il faut bien s'y connaître	But then you have to know a lot about it
Je vous la mets de côté	I'll put it by for you

Notes sur la langue

The passive

The passive is formed with **être** and the past participle

| Les bijoux ont été volés | The jewels have been stolen |
| Le bec a été réparé | The spout has been repaired |

If you want to say who the jewels have been stolen by, who the spout has been repaired by etc., then you use **par**:

Les bijoux ont été volés par le portier
Le bec a été réparé par l'antiquaire
La bague a été rétrécie par le bijoutier

A passive idea in English may often be expressed in French by:

(a) the reflexive form

Comment ça se prononce?	How is that pronounced?
Est-ce que ça se dit?	Is that said?
Les vraies affaires se font chez les brocanteurs	Real bargains can be had in junk shops
Mais ses trésors ne se limitent pas là	But her treasures are not restricted to them

(b) the impersonal *on*

Ici on parle français	French is spoken here
On a volé les bijoux	The jewels have been stolen
On a réparé la théière	The tea-pot has been repaired

2 Position of adjectives (I)

neuf and nouveau

Neuf goes after the noun, and **nouveau** before.

In certain cases these adjectives have different meanings:

un immeuble neuf	a new building (just built)
une nouvelle maison	a new house ('new' because it is different, new to its owners, but not necessarily just built)

3 Pronouns

Object pronouns are normally placed before the verb:

Je ne **la prends** pas

They go before the auxiliary in the perfect or pluperfect:

Oh, mais il **m'est** arrivé de faire de très bonnes affaires chez des antiquaires

Where there is a verb followed by an infinitive the pronouns normally go before the infinitive:

Je voulais **vous demander** quelque chose.
Est-ce que je peux **la voir**?

(This does not apply when **faire** or **laisser** are followed by an infinitive:

Je **le fais** réparer
On **les laisse** parler)

But there can be more than one object pronoun:

Je peux **vous le** garantir sur facture
Je **vous la** reprends au même prix
Est-ce que vous pouvez **me la** garder?

The position is the same as for single pronouns (i.e. before the verb, auxiliary or infinitive) but there are rules as to the order of the pronouns themselves:

1	2	3	4
me			
te	le (l')		
se	la (l')	lui	
nous	les	leur	en
vous			

Je **vous la** mets de côté
Est-ce que vous pouvez **me la** rétrécir?
Je **le lui** ai dit
Il **leur en** vend une

y has the same position as **en**:
Il faut bien **s'y** connaître

Faire (2) (see also Lesson 5, page 47)

Note the following expressions with **faire**:

a) expressions of time (see also Lesson 5, note 4)

Ça fait longtemps que j'en cherche une
I've been looking for one for a long time

Ça fait un temps fou qu'on ne vous a pas vu
It's absolutely ages since we've seen you

Ça fait deux ans que je ne vais plus au cinéma
I haven't been to the cinema for two years

Ça fait deux heures que j'attends
I've been waiting for two hours

Here it has the same meaning as **depuis** followed by the present tense. You could also say:

J'en cherche une depuis longtemps
On ne vous a pas vu depuis très longtemps
Je ne vais plus au cinéma depuis deux ans
J'attends depuis deux heures

b) prices

Here **faire** is the equivalent of **coûter**:
Combien ça fait? Ça fait 980 francs
Combien ça coûte? Ça coûte 980 francs

Combien fait la théière? Elle fait 50 francs
Combien coûte la théière? Elle coûte 50 francs

Exercices

1   On a volé les bijoux de la princesse
         Les bijoux de la princesse ont été volés

     On a réparé la théière
         La théière a été réparée

     On a rétréci la bague

     On a arrêté le portier de l'hôtel

     On a acheté les bijoux chez l'antiquaire

     On a bu tout le vin rouge

     On a photographié toutes les églises de la ville

     On a trouvé des tableaux de maître

     On a modernisé le Village Suisse

     On a agrandi les vieux immeubles

2   Je cherche une bibliothèque tournante depuis six semaines
         Ça fait six semaines que je cherche une bibliothèque tournante

     Je ne vais plus au cinéma depuis deux mois
         Ça fait deux mois que je ne vais plus au cinéma.

     Elle parle depuis une heure

     Il est portier depuis dix-huit ans

     Nous ne mangeons plus au restaurant depuis un an

     Vous apprenez le chinois depuis longtemps?

     Ils habitent Paris depuis deux ans

     Depuis combien de temps Calliope travaille-t-il pour *L'Objectif*?

     L'inspecteur cherche les bijoux de la princesse depuis longtemps

Avez-vous acheté le fauteuil?
     Non, je vais l'acheter demain

A-t-il visité le musée?
....

A-t-elle trouvé le magasin?
....

Est-elle allée acheter les cadeaux?
....

A-t-il terminé son article?
....

Ont-elles revendu la théière?
....

Etes-vous allés voir votre mère?
....

A-t-elle essayé la bague?
....

Sont-ils allés chercher la marchandise?
....

le tableau du jeune peintre	125F	la théière Second Empire	50F
l'aquarelle	43F	la bibliothèque tournante	980F
le fauteuil Louis XV	1122F	la bague en or	350F

Est-ce que vous pouvez me rétrécir la bague?
     Bien sûr, je vous la rétrécirai demain

Est-ce que vous pouvez me réparer la théière?
....

Est-ce que vous pouvez me rendre l'argent?
....

Est-ce que vous pouvez m'acheter le livre?
....

Est-ce que vous pouvez me nettoyer ce fauteuil?
....

Est-ce que vous pouvez m'agrandir ce bracelet?
....

Est-ce que vous pouvez me donner mille francs?
....

Est-ce que vous pouvez me vérifier le prix?
....

Est-ce que vous pouvez me livrer la bibliothèque tournante?
....

6   Il lui a acheté les tableaux
         Il les lui a achetés
     Il a vendu des bibelots aux clients
         Il leur en a vendu

     Elle a parlé du tableau à Madame Becque
     ....

     Il a donné les fleurs à sa mère
     ....

     Il a demandé le livre à l'élève
     ....

     Elle a offert la bague à son mari
     ....

     Il a garanti le prix aux clients
     ....

     Ils ont présenté la situation au journaliste
     ....

     Elle a parlé de ses achats à Madame Becque
     ....

Notes sur la vie

Le Marché aux Puces

Le Marché aux Puces is situated at the Porte de St. Ouen (on the north side of Paris). Anything can be found there, from very expensive antiques to second-hand overcoats. The whole thing is scattered over a very wide area so it can take days if you want to have a look at everything. The quality of the objects varies enormously: a lot of dealers display odd bits of junk on the pavement in the hope of a sale but there are also some higher class antique markets within the Marché aux Puces, for instance the 'Marché Biron' and the 'Marché Vernaison'. In all these markets it is worth trying to bargain about the price. Le Marché aux Puces is open on Saturday, Sunday and Monday.

Le Village Suisse

Rather more high class than the Marché aux Puces, the Village Suisse consists of numerous antique shops all grouped together in a very small square off the Avenue de la Motte-Piquet and the Avenue de Suffren (near the métro station La Motte-Piquet). You are unlikely to find bargains here since most of the 'antiquaires' are professionals who know their trade, but the quality of the objects for sale is usually high. It is open from Thursday to Monday.

8 Le ferrailleur-artiste

Le jeune peintre français Douglas Wromblevski expose ses toiles à la galerie d'art 'Urf', dans le Faubourg Saint-Honoré. C'est la première exposition officielle de ce jeune artiste qui promet beaucoup selon les critiques et les spécialistes. Son art est souvent difficile à interpréter et la tâche n'est pas rendue plus aisée par le caractère très facétieux de l'artiste. Mais heureusement, il y a les critiques. . . .

Notre camarade Pelloche, expert en la matière, est allé au vernissage de l'exposition. Il a prêté l'oreille aux réactions des visiteurs, puis il s'est entretenu avec le jeune peintre et enfin il a écouté les explications d'un critique.

La comtesse	Ah, Pelloche, quel bonheur de vous rencontrer ! Vous avez vu ! Mais regardez. C'est merveilleux, c'est fantastique, c'est divin ! Il y a une force, une énergie, une virilité dans cet art. Un côté sensuel même. Ah, j'en suis oppressée ! Cet homme est un génie. L'art avant lui n'existait pas ! Qu'en pensez-vous, Pelloche ?
M. Pelloche	Oui, ce n'est pas mal. J'aime assez.
La comtesse	Assez ? ! Tss, homme froid et insensible ! Comment, vous n'êtes pas bouleversé par ce message de vie, cet élan, le jaillissement de cet art ? Mais ce n'est pas possible, Pelloche, vous n'avez pas d'âme. Je vous laisse, je veux aller me replonger une fois encore dans cette source ! Adieu.
M. Pelloche	Au revoir, Comtesse.

M. Pelloche	Douglas Wromblevski, c'est la première fois qu'une grande galerie parisienne vous ouvre ses portes. Quelle impression ça vous fait ?
Douglas	Oh, vous savez, pas grand'chose. Ça m'amuse plutôt de voir tous ces gens—ils admirent tellement mes horreurs ! Je trouve ça assez drôle. Et puis, ça rapporte.
M. Pelloche	Vous n'avez pas l'air de vous prendre très au sérieux. Pourquoi ?
Douglas	Oh, parce que. . . . Vous savez, moi, j'ai débuté comme ferrailleur. Un jour, je m'amusais à tirer sur de vieilles bouteilles pleines d'huile et de saletés. C'est tombé sur du papier d'emballage, et ça a fait des espèces de dessins. Mais je n'ai pas fait attention sur le coup. Et puis, il y a un gars qui est venu m'acheter de vieilles roues et qui a vu ça. Alors il m'a dit : c'est joli. Et il est revenu le lendemain avec un appareil photo. Et un jour, je me promenais dans Paris, et qu'est-ce que je vois, mes taches d'huile : 200 F. pièce. Alors, je me suis dit, pourquoi pas moi !
M. Pelloche	Et qu'est-ce que vous avez fait à partir de ce moment-là ?
Douglas	Ben, j'ai amélioré la technique. J'ai acheté des toiles et puis j'ai mis de la peinture dans les bouteilles à la place de l'huile. Maintenant j'ajoute aussi des boulons, des ressorts, des pièges à taupes, les gens aiment ça !
M. Pelloche	Et ça s'est vendu ?
Douglas	Oui, c'est ça le plus fort ! J'ai d'abord exposé parmi les ferrailles, les jours où il faisait beau. Peu à peu la légende du ferrailleur-artiste est née, et ensuite les gens venaient presque acheter ma ferraille par autocars !
M. Pelloche	Et puis vous êtes monté à Paris ?
Douglas	Oui, il y a des critiques d'art qui sont venus. Ils m'ont raconté que j'étais génial et que mon art symbolisait toute la palpitation et la violence de la société technologique moderne. Et alors on m'a proposé de faire une exposition à Paris.
M. Pelloche	Mais que pensez-vous de votre art ? Qu'est-ce que ça veut dire ?
Douglas	Oh, rien du tout, c'est le résultat de l'éclatement de bouteilles de peinture sur des toiles avec par-ci par-là de la ferraille. Maintenant si

vous voulez des explications intellectuelles, je vois le critique Jean Lergoteur qui arrive. Interrogez-le. Il va tout vous expliquer.

M. Pelloche   Merci pour votre histoire, Douglas Wromblevski. Et je vous souhaite beaucoup de réussite dans la peinture ou dans la ferraille. Au revoir.

M. Lergoteur   Alors, Monsieur Pelloche, vous discutiez avec l'artiste?

M. Pelloche   Oui, il me racontait sa vie. Mais, dites-moi, vous même passez pour le spécialiste des oeuvres de Wromblevski. Qu'est-ce que ça signifie d'après vous?

M. Lergoteur   Ecoutez, c'est un art très complexe et les significations sont multiples. D'abord, cette technique: le tir sur des bouteilles de peinture. C'est manifestement une revanche sur la boisson. N'oubliez pas que le père de Douglas était Polonais et alcoolique au dernier degré.

M. Pelloche   Oui, mais vous ne pensez pas que c'est un peu tiré par les cheveux, ça?

M. Lergoteur   Mais non, voyons, ce tir, c'est aussi la violence de notre société. Tout ce fer dans ses tableaux, c'est l'emprisonnement de l'artiste dans le monde technologique. Quant à ces pièges à taupe que l'on retrouve constamment, ne vous y trompez pas, ce sont des symboles sexuels évidents.

M. Pelloche   Moi, j'y vois plutôt l'écoulement de stocks inutiles. Mais enfin, chacun ses opinions. Bien, merci pour ces explications lumineuses et adieu!

Mots et expressions

Urf	A pun—**urf** means 'swell', 'posh'
qui promet beaucoup	whose work is very promising
le vernissage de l'exposition	private view of the exhibition. Originally it was 'the day before the opening to the public', when artists used to put the final coat of varnish on their works.
il a prêté l'oreille	he took account of, listened to
J'en suis oppressée	I'm overcome by it
J'aime assez	It's alright, I quite like it
homme froid et insensible	what a cold and insensitive man you are
Quelle impression ça vous fait?	How do you feel about it?
Ça rapporte	It brings in cash
Vous n'avez pas l'air de vous prendre très au sérieux	You don't seem to take yourself very seriously
papier d'emballage	wrapping paper

sur le coup	at the time:
	sur le coup de midi: bang on midday
	tué sur le coup: killed outright
un appareil photo (short for **un appareil photographique**)	camera
200F. pièce	200F. each. You can also say **200F. la pièce** and you would usually ask **C'est combien la pièce?**—How much are they each?
Et ça s'est vendu?	And did they sell?
C'est ça le plus fort!	That's the most amazing thing about it!
et ensuite les gens venaient presque acheter ma ferraille par autocars	and then they came almost in coach-loads to buy my scrap metal
monter à Paris	to go (up) to Paris. 'To go anywhere from Paris' you use **descendre**
j'étais génial	I was a genius (adjective from **génie**)
par-ci, par-là	here and there
un peu tiré par les cheveux	a bit far-fetched
ne vous y trompez pas	make no mistake about it

Notes sur la langue

1 Imperative

Pronouns with the imperative
Only the following personal pronouns may be used with the imperative:

(1) le, la, les
(2) moi, toi, lui, nous, vous, leur

These pronouns follow the imperative and when more than one pronoun is used, the first group always comes first.

Dites-moi	Tell me
Parlez-moi de ce tableau	Tell me about this painting
Achetez-le-lui	Buy it for him

Pronouns with the negative imperative
Pronouns always precede the negative imperative. Instead of **moi** and **toi** the forms **me** and **te** are used:

Ne me parlez pas de ce tableau
Ne le lui achetez pas.

Reflexive verbs
These rules also apply to the imperative of reflexive verbs:

Levez-vous	Ne vous levez pas
Lève-toi	Ne te lève pas.

2 Possessives

Personal pronouns	Possessive adjectives			Possessive pronouns			
	Singular		*Plural*	*Singular*		*Plural*	
	M	F		M	F	M	F
moi	mon	ma	mes	le mien	la mienne	les miens	les miennes
toi	ton	ta	tes	le tien	la tienne	les tiens	les tiennes
lui, elle	son	sa	ses	le sien	la sienne	les siens	les siennes
nous	notre		nos	le nôtre	la nôtre	les nôtres	
vous	votre		vos	le vôtre	la vôtre	les vôtres	
eux, elles	leur		leurs	le leur	la leur	les leurs	

(Remember that **mon**, **ton**, etc., are used before feminine words beginning with a vowel or silent 'h': **mon amie, ton histoire**.)

Possessive adjectives and pronouns always agree with the object possessed:

M. Pelloche a une rubrique	Le jeune peintre expose des toiles
C'est sa rubrique	Ce sont ses toiles
C'est la sienne	Ce sont les siennes

Sometimes the personal pronoun with **à** (**à moi**, **à lui**, etc.) is used instead of the possessive pronoun or adjective, for emphasis.

Ces toiles sont à lui, pas à moi

This form can also be used with the possessive adjective for even greater emphasis:

| C'est **son** art **à lui**. | It's his own kind of art |
| Ce sont **mes** idées **à moi**. | These are my personal ideas |

3 *Du, de la, de l'* and *des*

Apart from the meaning of 'of' these are used in French to indicate an unspecified quantity

J'ajoute aussi des boulons, des ressorts, des pièges à taupes
I also add bolts, springs and mole traps

C'est tombé sur du papier d'emballage
It fell on some wrapping paper

Il y a de la force dans cet art
There is strength in this art

But in negative sentences of this last kind **de** only is used:

Il n'y a pas de force dans cet art
Il n'y a pas de sucre dans ce café
Nous n'avons pas de papier d'emballage

De is also used:

(a) after an expression of quantity

beaucoup de	Il y avait beaucoup de fleurs
tant de	Il y avait tant de personnes

But note: **bien des (fois, gens, hommes** etc.)

J'y suis allé bien des fois

(b) before a plural adjective which precedes the noun

Il est venu m'acheter de vieilles roues

Il y avait de jolis objets chez l'antiquaire

On mange de bons plats en province

On fait de bonnes affaires chez les brocanteurs

On voit de beaux tableaux à la galerie d'art

4 Adverbs

Many adverbs can be formed from adjectives by adding **-ment**:

(1) to the masculine of the adjective if it ends in a vowel:

facile	facilement
résolu	résolument
manifeste	manifestement

(2) to the feminine of the adjective in all other cases, (except when it ends in **-nt**):

heureux	heureuse	heureusement
tel	telle	tellement

If the adjective ends in **-nt** this ending should be replaced with **-mment**:

constant	constamment
plaisant	plaisamment

Exception: **lent**, adverb: **lentement**

Exercices

1   Je vous le donne aujourd'hui?   Non, ne me le donnez pas aujourd'hui, donnez-le-moi demain

Je vous le dis aujourd'hui?	....
Je le leur apporte aujourd'hui?	....
Je vous le paie aujourd'hui?	....
Je le lui offre aujourd'hui?	....
Je le leur promets aujourd'hui?	....
Je vous le laisse aujourd'hui?	....
Je vous le prête aujourd'hui?	....
Je vous le change aujourd'hui?	....

2   Cet art ne manque pas de force
          Il y a de la force dans cet art

Ce tableau ne manque pas d'énergie

....

Cette interprétation ne manque pas d'audace

....

Ces peintures ne manquent pas d'originalité

....

Il y a du génie dans cette peinture
          Cette peinture ne manque pas de génie

Il y a de la violence dans notre société

....

Il y a de l'intelligence dans cette explication

....

Il y a de la beauté dans cette exposition

....

Il y a de la complexité dans cette technique

....

3   L'artiste peint d'une façon merveilleuse
          Il peint merveilleusement

Cet homme calcule d'une façon froide

....

La dame regarde le peintre d'une manière sévère

....

Pelloche parle d'une manière sérieuse

....

La dame critique cet art d'une manière violente

....

Pelloche discute d'une façon amicale avec le peintre

....

L'artiste explique tout d'une façon brillante

....

La comtesse parle d'une manière divine

....

Cette interprétation est expliquée d'une manière très claire

....

Les visiteurs regardent le tableau d'une manière attentive

....

4

C'est la rubrique de Pelloche?	Oui, c'est la sienne
Ce sont les toiles de Douglas?	....
C'est votre tableau?	....
Ce sont vos interprétations?	....
Ce sont leurs articles?	....
Ce sont vos explications?	....
C'est son opinion?	....
C'est mon explication?	....

5

N'exposez pas les toiles	Exposez-les
N'interprétez pas cet art	....
Ne prêtez pas le catalogue aux visiteurs	....
Ne vous entretenez pas avec le peintre	....
N'écoutez pas les explications	....

Regardez cette toile	Ne la regardez pas
Achetez le catalogue	....
Laissez les tableaux	....
Ouvrez la porte	....
Emportez ces dessins	....

Notes sur la vie

Les galeries d'art

There is a great number of art galleries in Paris. These are mainly situated in the 8th **arrondissement**, as far as the Right Bank is concerned and in the 6th and 7th **arrondissements** for the Left Bank. There used to be a distinction between the Right Bank galleries, traditionally more concerned with established painters of repute, and the Left Bank galleries, which welcomed new young artists and more advanced tendencies in art. This difference is now disappearing and galleries may appear on either side of the river, even though they retain their conservative or progressive orientation.

Les musées

There are museums in Paris for a very wide range of interests. The main ones are:

Le Musée du Louvre: even a superficial view of its treasures will take at least a day, all the more so as the building itself is one of the most interesting monuments in Paris.

Le Musée des Arts Décoratifs (in the Louvre buildings, entrance Rue de Rivoli) is somewhat like the Victoria and Albert Museum with collections of furniture, china, etc.

L'Orangerie et *Le Jeu de Paume*: situated in the Tuileries with their very good collections of impressionist paintings.

Le Musée d'Art Moderne: with good examples of modern art.

Le Musée Guimet: which specialises in Oriental art, Indian and Chinese in particular.

Le Musée Carnavalet: the museum devoted to the history of Paris. It is located in the splendid old 'hôtel particulier' of Mme de Sévigné in the Marais.

Also well worth seeing: *Le Musée Rodin*, *Le Musée de l'Homme* and *Le Musée de Cluny*.

There is a charge for entrance to museums (except on Sundays) but students and groups can obtain reductions. It is important to remember that museums and art galleries are closed on Tuesdays.

9 — *Beaucoup d'appelés...*

Comme disait Henri de Rochefort en 1868:

La France contient 36 millions de sujets, sans compter les sujets de mécontentement!

Le téléphone en est certainement un. C'est une question qui intéresse un grand nombre de Français et qui donne souvent lieu à des débats passionnés. *L'Objectif*, qui a soin de tenir ses lecteurs informés de tous les problèmes, a chargé Calliope de prendre contact avec un haut fonctionnaire du ministère des Postes et Télécommunications. Il est dans son bureau et sur le point de téléphoner au ministère, ce qui, nous allons le voir, n'est pas si facile . . .

(toc, toc, toc)

M. Calliope Entrez! Ah, c'est vous Louise. Bonjour, comment ça va?

Mlle Louise Ça va, merci. Et vous? J'espère que je ne vous dérange pas trop?

M. Calliope Non, non, j'ai juste un coup de téléphone à donner au ministère des Postes et Télécommunications. J'en ai pour un instant.

Mlle Louise C'est pour des réclamations?

M. Calliope Tiens, pourquoi vous dites ça? Tout le monde se plaint du téléphone. Moi, je trouve que ça marche très bien. Bon, si vous voulez bien m'excuser un instant. Voyons, leur numéro, c'est 566. 22. 22. Alors, cinq cent . . . soixante . . . six, vingt-deux, vingt-deux . . . Ben, qu'est-ce qui se passe! Ça ne sonne pas! C'est pourtant le bon numéro, je viens de vérifier dans l'annuaire.

Mlle Louise Vous avez peut-être mal composé le numéro. Essayez encore.

M. Calliope *(Tout en composant le numéro)* Je m'étais sûrement trompé. Parce que le ministère des P et T, ça doit marcher tout de même!

Mlle Louise Oh, vous savez, pour le téléphone, j'ai bien l'impression que tout le monde est logé à la même enseigne.

M. Calliope Allons bon! Ça sonne 'pas libre' maintenant! Ah, là, là!

Mlle Louise Vous voyez bien que ça ne marche pas aussi bien que ça. Tenez, par exemple, hier j'ai essayé de téléphoner à ma soeur à Alençon et j'ai eu la caserne des pompiers de Toulouse.

M. Calliope Je vais essayer encore une fois—*(tout en composant le numéro)*—j'espère tout de même que je vais l'avoir cette fois-ci . . . Allô. Le ministère des Postes et Télécommunications? . . . comment? . . . Oh, excusez-moi, c'est une erreur . . . *(il repose le récepteur)* Ah zut! j'ai eu les pompes funèbres générales.

Mlle Louise Décidément, vous n'avez pas de chance.

M. Calliope Bon, je vais essayer leur autre numéro. Voyons 380. 64. 00. Trois cent . . . quatre-vingt . . . soixante-quatre . . . zéro . . . zéro . . . Ah non, alors, ça sonne encore 'pas libre'. Mais enfin, ça a l'air d'une blague cette histoire-là! Ils ont tout de même sûrement plus de deux lignes au ministère des P et T.

Mlle Louise	Vous voyez bien ce que je vous disais. Le téléphone, ça ne marche pas toujours parfaitement.
M. Calliope	Eh bien, je dois avouer que je commence à vous croire. Moi qui devais écrire un article sur le téléphone, j'ai l'impression que je ne vais pas manquer d'idées.
Mlle Louise	Téléphonez aux réclamations. La standardiste réussira peut-être à vous avoir le numéro.
M. Calliope	Tiens, oui, ce n'est pas une mauvaise idée . . . *(il compose le numéro)* . . . Ah, j'espère que je vais réussir cette fois-ci! Grr . . .ça sonne, ça sonne et personne ne répond. Ce n'est pas possible, ils sont partis déjeuner.
Mlle Louise	Ah, que voulez-vous, il est midi un quart.
M. Calliope	Ah, allô. Voilà, ça fait un quart d'heure que j'essaie d'avoir le ministère des P et T, et il n'y a pas moyen. Est-ce que vous pouvez me l'appeler? Oui, d'accord, je reste en ligne . . .
Mlle Louise	J'ai l'impression que votre article risque de ne pas être très élogieux.
M. Calliope	Ça vous pouvez le dire. Ça commence à m'énerver cette histoire! . . . Ah, allô, oui . . . Comment! Le ministère des P et T est en dérangement! Non mais, qu'est-ce que c'est que cette histoire! C'est une plaisanterie! Vous aurez de mes nouvelles aux P et T. Au revoir Mademoiselle!
Mlle Louise	Ah, ah, ah, je triomphe. Alors, Calliope, ça marche bien le téléphone? Vous vous demandez toujours pourquoi les gens rouspètent?
M. Calliope	Ma foi, je révise mes positions. J'ai envie d'écrire un petit article à ma façon dont ils se souviendront longtemps au ministère. C'est tout de même formidable ça, un ministère des postes et télécommunications en dérangement. Bon, je crois que j'ai déjà trouvé le titre: 'Le téléphone en France: beaucoup d'appelés et peu d'élus!'.

Mots et expressions

La France contient 36 millions de sujets, sans compter les sujets de mécontentement!	France contains 36 million subjects without counting the subjects of discontent
qui a soin de tenir ses lecteurs informés . . .	which takes care to keep its readers informed . . .
prendre contact avec . . .	to make contact with
un haut fonctionnaire	a high-up official
donner un coup de téléphone	to make a phone call
des réclamations	complaints
le bon numéro	the right number—**bon** often means 'correct' or 'right': **le bon chemin**, the right road

composer le numéro	to dial the number (**J'ai mal composé le numéro**—I've dialled the wrong number)
je m'étais sûrement trompé	I must have made a mistake
tout le monde est logé à la même enseigne	everyone is in the same boat (lit. lodged under the same sign)
pas libre (*or* occupé)	engaged
J'espère tout de même que je vais l'avoir cette fois-ci	I really hope I get through this time
zut!	blast!
Les pompes funèbres générales	The General Undertakers' Company
Moi qui devais écrire un article sur le téléphone	I who was supposed to write an article about the telephone
La standardiste réussira peut-être à vous avoir le numéro	Perhaps the switchboard operator will manage to get the number for you
il n'y a pas moyen	it's impossible
Je reste en ligne	I'll hold on (**ne quittez pas**—hold on)
en dérangement	out of order
Vous aurez de mes nouvelles	You'll be hearing from me
Je révise mes positions	I'm changing my attitude
un petit article à ma façon	a little article in my own style
Beaucoup d'appelés et peu d'élus	Many are called but few are chosen

Notes sur la langue

Devoir

The most commonly used forms of **devoir** are:

Present: Je dois, tu dois, il doit, nous devons, vous devez, ils doivent
Imperfect: je devais etc.
Future: je devrai etc.
Past Participle: dû

Devoir expresses a general idea of duty, obligation or necessity ('must', 'have to', 'am to')

Nous devons lui téléphoner ce soir
We have to ring him this evening

Je dois avouer que je suis très fatigué
I must admit I'm very tired

Moi qui devais écrire un article sur le téléphone
I who was supposed to write an article on the telephone

Note the changes in meaning in the following sentences:

Je dois payer	I must pay
J'ai dû payer	I had to pay
Je devais payer	I was supposed to pay
Je dois avoir payé	I must have paid

2 Etre sur le point de . . .

This means 'to be on the point of' doing something, 'to be about to . . .'

Il est sur le point de téléphoner au ministère
He is about to ring up the Ministry

Elle était sur le point de téléphoner à sa sœur quand son mari est entré
She was about to ring her sister when her husband came in

3 Ce qui . . . ce que

Ce qui is a subject, and ce que is an object.

Il essaye de téléphoner au ministère, ce qui n'est pas si facile . . .
He tries to telephone the Ministry, which is not all that easy . . .

Vous voyez bien ce que je voulais dire
You see what I meant

Tout ce qui, tout ce que

Tout ce qui brille n'est pas or
All that glitters is not gold

Tout ce qui est sur la table est à moi
Everything on the table is mine

J'ai entendu tout ce que vous avez dit
I heard everything you said

4 Dont

Dont means 'of whom', 'of which', 'whose'

C'est le peintre dont j'admirais les toiles
C'est la question dont on parle

Note that dont is the relative (instead of que) with verbs which are normally followed by de such as se souvenir de (to remember) and avoir besoin de (to need).

Ils se souviendront de mon article
J'ai écrit un article dont ils se souviendront
I've written an article which they will remember

Nous avons besoin de lui
C'est lui dont nous avons besoin
It's him (that) we need

Expressions of time (see also page 36)

Note the following expressions of time implying duration:

Il a parlé au téléphone pendant une demi-heure
He talked on the phone for half an hour

J'ai habité la France pendant deux ans
I lived in France for two years

J'ai étudié le latin pendant onze ans
I studied Latin for eleven years

Duration in the present and future is expressed by **pour**:

Je suis ici pour deux mois
I shall be here for two months

Il est parti en France pour deux ans
He has gone to France for two years
Il est en prison pour vingt ans
He is in prison for twenty years

Notice the idiomatic expression:

J'en ai pour un instant
I shan't be a moment (It'll only take me a moment)

Il en a pour une heure
It'll take him an hour

The following expressions may be used to point to a definite time in the past:

Je lui ai téléphoné il y a deux jours
Voilà deux jours que je lui ai téléphoné
I phoned him two days ago

Depuis is used to imply continuation from some time in the past:

J'essaye de lui téléphoner depuis deux heures
I've been trying to phone him for two hours

Je ne lui ai pas téléphoné depuis une semaine
I haven't phoned him for a week

Ma sœur habite Alençon depuis 1968
My sister has been living in Alençon since 1968

Dans points to a definite time in the future:

Je lui téléphonerai dans dix minutes
Vous aurez la communication dans deux heures
Je suis à vous dans un quart d'heure

En expresses length of time

Pelloche a écrit son article en vingt minutes
Il a parcouru les trois cents mètres en trente-quatre secondes

Exercices

1 Il n'a pas pris contact avec le ministre hier?
   Non, mais il doit prendre contact avec lui aujourd'hui
   Il n'était pas dans son bureau hier?
   Non, mais il doit y être aujourd'hui.

Elle n'a pas téléphoné hier?

....

Elles ne sont pas venues hier?

....

Ils n'ont pas trouvé le numéro hier?

....

Ils n'ont pas verifié l'addition hier?

....

Vous n'avez pas essayé hier?

....

Le téléphone n'a pas marché hier?

....

Vous n'avez pas eu le numéro hier?

....

Il n'a pas écrit l'article hier?

....

2 Calliope n'est pas encore parti?
   Non, mais il est sur le point de partir.
   La secrétaire n'a pas encore composé le numéro?
   Non, mais elle est sur le point de le composer.

Louise n'est pas encore sortie?

....

Calliope ne s'est pas encore énervé?

....

Le directeur n'a pas encore fait son discours?

....

Calliope n'a pas encore écrit l'article?

....

Le bébé ne s'est pas encore réveillé?

....

Le portier n'a pas encore avoué son crime?

....

La princesse n'a pas encore appelé la police?

....

3   J'ai parlé au ministre. Je connais son fils.
      J'ai parlé au ministre dont je connais le fils.

Il a un plat. Il en connaît seul le secret.

....

J'ai bu le vin. Mon père en est très amateur.

....

Il a pris l'argent. J'en avais besoin.

....

Je lui ai apporté les livres. Il en avait envie.

....

Je suis allé voir le film. Ils m'en ont parlé.

....

Elle a visité l'usine. Son oncle en est propriétaire.

....

Je suis devenu président du club. J'en suis membre.

....

4   Combien de temps a-t-il parlé? *(une demi-heure)*
      Il a parlé pendant une demi-heure.
   Combien de temps a-t-il attendu? *(deux heures)*
      Il a attendu pendant deux heures.

Pour combien de temps y va-t-il? *(deux ans)*

....

Pour combien de temps en a-t-il? *(un quart d'heure)*

....

Depuis quand y habitez-vous? *(dix ans)*

....

Depuis quand n'êtes-vous pas allé au cinéma? *(trois semaines)*

....

Dans combien de temps arriverez-vous? *(trois quarts d'heure)*

....

Dans combien de temps finirez-vous? *(six mois)*

....

En combien de temps écrit-il son article? *(cinq minutes)*

....

En combien de temps faites-vous votre marché? *(une heure et demie)*

....

Notes sur la vie

Les Postes et Télécommunications

The post office services deal with four main branches of activity:

1   The postal services proper, which are becoming more modern all the time. New buildings replace the quaint old post-offices and the rural **facteur** who used to ride his bicycle for miles, singing to the wind, now receives the help of mechanization.

2   Telecommunications. The telephone network, terribly outdated and over-crowded at the moment, is also being modernized. In most areas it is automatic and the old telephones which you wound like old gramophones now go to a well-deserved rest in junk-shops or even antiquarian shops.

3   The **Caisse d'épargne** which is similar to the Post Office Savings Bank and is much favoured by the French. It replaces the old system of the **bas de laine** (stocking banks) in rural areas.

4   The **Comptes Chèques Postaux**, which do not have any counterpart in England and are a sort of state-run bank. They offer the same advantages as the Giro system for the automatic payment of bills and have a reputation for being extremely severe towards overdrafts, which make the **chèques postaux** widely accepted by most people, unlike bank account cheques.

In France stamps can be bought in cafés-tabacs and it is usually well worth one's time buying them there so as to avoid queueing at the **guichet** in the post office.

There are very few public phone-boxes apart from those in post-offices and cafés. When you make a local call in Paris, you just buy a **jeton** and you can talk for as long as you like (on a similar principle to the single fare for the tube.) When you want to call a number in the provinces or abroad, you ask the operator at the post office (or the woman in charge of the telephones in a café) to dial your number. You then go to the **interurbain** booth and wait until you are put through. (The price varies according to the distance and length of your call.)

Femmes libres... pauvres maris!

Monsieur Pelloche est marié et a deux enfants, un garçon de 22 ans et une fille de 19 ans. Comme tous les pères, il a parfois des problèmes avec sa famille mais, dans l'ensemble, les Pelloche forment une joyeuse bande. Ils aiment bien se retrouver au repas du soir et discuter de l'actualité et de divers problèmes. Ce soir, Pelloche est chez lui avec sa femme et sa fille et la conversation a soudain tourné sur la question de la libération de la femme.

Mme Pelloche   Mais tu m'as dit que tu devais écrire un article sur la libération de la femme; c'est vrai?

M. Pelloche   Oui, normalement c'est Annie Ducros qui devait le faire, mais elle n'a pas le temps. Alors, je lui ai dit que je voulais bien l'écrire à sa place et que j'avais beaucoup d'idées.

Mme Pelloche   Ah, ah! Et quelles sont ces idées?

M. Pelloche   Eh bien, je trouve que la femme a été tenue trop longtemps dans une condition d'infériorité, sinon d'esclavage. On l'a prise trop souvent pour une bonne ou pour une fille de joie!

Sylvie Pelloche   Bien parlé, papa! Tu es un vrai tribun! Ah, si on t'avait au gouvernement!

M. Pelloche   D'abord, toutes les femmes doivent travailler pour obtenir leur liberté économique. Comme ça, elles ne dépendront plus d'un tyran mâle qui fait la pluie et le beau temps sous prétexte que c'est lui qui gagne l'argent du ménage. *(Applaudissements!)*

Si les femmes travaillent, les hommes seront aussi obligés de partager les travaux de la maison. Et alors, ils verront combien les tâches domestiques sont pénibles, et pourtant elles ne reçoivent pas de salaire!

Sylvie Pelloche   Allez, allez, papa, vas-y! On les aura!

M. Pelloche   Ensuite, les femmes ne seront vraiment libres que lorsque l'institution anachronique du mariage tel qu'il est aujourd'hui sera abolie! Les femmes libres ne s'enchaîneront plus, elles n'abandonneront plus leur intelligence et leur talent pour devenir des souillons. Et la société future bénéficiera de cet énorme capital ainsi libéré.

Sylvie Pelloche   Bravo! Vive papa! Papa à l'Elysée! Papa à l'Elysée!

M. Pelloche   Oh, je sais, je sais, je m'emporte. Mais ce sont mes idées et je les partage, comme on dit.

Mme Pelloche   Eh bien, puisque je te vois dans de si bonnes dispositions, peux-tu faire la vaisselle du dîner? Je dois sortir ce soir avec une amie.

M. Pelloche   Hein, encore? Mais tu es tout le temps partie! Ah, les épouses de maintenant! Il n'y a plus moyen de les tenir! Je n'ai pas que ça à faire, moi, de m'occuper de la vaisselle. J'ai du travail ce soir, je dois regarder un 'Face à Face' à la télé, pour ma rubrique des spectacles de variétés. Tu ne veux pas faire la vaisselle, Sylvie?

Sylvie Pelloche	Taratata! Et tes nobles idées sur la libération de la femme? Elles ne résistent pas à l'épreuve de la vaisselle? Tu ne vas tout de même pas réduire ta propre fille en esclavage!
M. Pelloche	Oh bon, bon, je la ferai. Ce que vous pouvez être paresseuses toutes les deux. C'est moi qui fais tout ici. Je sens que je vais bientôt organiser un mouvement pour la libération des époux de femmes libérées!
Mme Pelloche	Allons, allons, tu n'es pas si malheureux que ça. Et puis d'abord, tant que les hommes sont occupés, ils ne font pas de bêtises. C'est un service que l'on te rend. . . . Bon, allez, je me sauve, sinon je vais être en retard. A ce soir, chéri! Bonne nuit, Sylvie!
Sylvie Pelloche	Bonsoir, maman, amuse-toi bien . . . Dis donc, papa, maintenant que nous sommes tout seuls, je voulais te demander quelque chose, ça ne te dérange pas?
M. Pelloche	Mais non, qu'est-ce que c'est? Tu m'as l'air bien mystérieuse tout d'un coup. Rien de grave, j'espère.
Sylvie Pelloche	Mais non, mais non! Oh, tu me sembles soudain bien sévère. Voilà. Je veux partir camper en Yougoslavie cet été, pendant deux mois. Est-ce que tu veux bien?
M. Pelloche	D'habitude, on partait tous ensemble, mais enfin, tu as dix-neuf ans. Tu es libre. Et tu vas camper seule?
Sylvie Pelloche	Non, je compte partir avec un copain de la faculté. Un type très sympa et qui a déjà beaucoup voyagé.
M. Pelloche	Un copain! Ah, eh bien, j'en apprends de belles. Et qu'est-ce que tu comptes faire de ce copain? C'est sérieux ou c'est juste pour deux mois?
Sylvie Pelloche	Oh non, ça fait plus d'un an qu'on sort ensemble! Et puis, tu ne vas tout de même pas me demander si je compte l'épouser après ce que tu as dit sur le mariage.
M. Pelloche	Mm . . . oui! Ça ne me plaît pas énormément cette histoire. Mais enfin, autres temps, autres mœurs! Pars avec ton copain si tu veux. Une seule chose, tâchez de ne pas revenir à trois. Le reste, ma foi, ça vous regarde!

Mots et expressions

dans l'ensemble	on the whole
une joyeuse bande	a happy lot
discuter de l'actualité	discuss the latest news
une fille de joie	Old expression now used fairly humorously for 'woman of the streets'
Tu es un vrai tribun!	You are a real orator!
. . . qui fait la pluie et le beau temps	who rules the roost
gagner l'argent	to earn the money. (**Il gagne bien sa vie:** He earns a good living.)

il verra combien les tâches domestiques sont pénibles	he will see just how tiresome housework is
On les aura!	We'll win (lit. we'll have them)
Papa à l'Elysée!	Daddy for President. The Elysée Palace is the official residence of the French President
je m'emporte	I'm getting carried away
Mais ce sont mes idées et je les partage, comme on dit	They're my own ideas and I share them, as they say
dans de si bonnes dispositions	in such a good mood
faire la vaisselle	to do the washing up
Mais tu es tout le temps partie!	But you're always out
Il n'y a plus moyen de les tenir!	There is no holding them
Je n'ai pas que ça à faire	I have other things to do
Taratata	a noise signifying refusal or disbelief
Elles ne résistent pas à l'épreuve de la vaisselle?	They don't stand the test of the washing-up?
réduire ta propre fille en esclavage	reduce your own daughter to slavery
Ce que vous pouvez être paresseuses toutes les deux	How lazy you can both be.
je me sauve	I'm off
Est-ce que tu veux bien?	Is that alright with you?
je compte partir	I aim to go . . .
un copain de la faculté	a friend from university (**copain** is an informal word for friend)
un type très sympa	a very nice chap (**sympa** is short for **sympathique** and is frequently used by young people)
j'en apprends de belles	I *am* hearing things
autres temps, autres mœurs	times have changed
ça vous regarde	that's your business

𝒩otes sur la langue

1(a) Si

If **si**, meaning 'if', is followed by a verb in the present, then the verb in the other part of the sentence is usually in the future:

Si les femmes travaillent, les hommes seront obligés de partager les travaux de la maison.
If women work, men will be obliged to share in the housework.

Si je fais la vaisselle, je ne pourrai pas regarder la télé.
If I do the washing-up, I shan't be able to watch T.V.

b) Lorsque and quand

With **lorsque** and **quand**, both verbs can be in the future:

Les femmes ne seront libres que lorsque l'institution du mariage sera abolie.
Women will only be free when the institution of marriage is abolished.

Quand toutes les femmes travailleront, elles ne dépendront plus d'un tyran mâle.
When all women work, they will no longer be dependent on a male tyrant.

2 Combien

Notice the word order after **combien**:

Il verra combien les tâches domestiques sont pénibles.
He'll see how tiresome housework is.

It is also possible to say:

Il verra combien pénibles sont les tâches domestiques.

3 Age

The following expressions are used to indicate age:

Quel âge ont les enfants de M. Pelloche?
How old are M. Pelloche's children?

Le garçon a 22 ans et la fille 19 ans
The boy is 22 years old, and the daughter 19

Il a un garçon de 22 ans et une fille de 19
He has a son of 22 and a daughter of 19

C'est un garçon d'une vingtaine d'années
He's a boy of about twenty

C'est un monsieur sur la quarantaine
He's a man in his forties

C'est une dame entre deux âges
She's a middle-aged lady

4 Ne . . . que and ne . . . pas que

Ne . . . que means 'only' and has the same meaning as **seulement**:

Je ne travaille que la semaine.
Je travaille seulement la semaine.

Je ne parle que l'anglais et le français.
Je parle seulement l'anglais et le français.

Ne . . . pas que means 'not only'

Je n'ai pas que ça à faire.
Je ne parle pas que l'anglais. Je parle aussi l'allemand.

Other examples:

> Elle n'a que la vaisselle à faire.
> She has only the washing-up to do.

> Elle n'a pas que la vaisselle à faire.
> She has other things to do besides the washing-up.

> Il ne travaille que pour gagner de l'argent.
> He only works to make money.

> Il ne travaille pas que pour gagner de l'argent.
> Making money is not all he works for.

5 Tu m'as l'air . . .

Avoir l'air is 'to seem':

> Il a l'air très sévère.
> Cette voiture a l'air très pratique.

Notice how it can be used with the pronoun to mean 'seem to . . . (me)', etc.

> Tu m'as l'air bien mystérieuse.

Here it has the same meaning as:

> Tu me sembles bien mystérieuse.

6 Compter, tâcher

Compter is another verb which is followed directly by the infinitive:

> Je compte partir avec un copain
> I aim to go away with a friend

> Qu'est-ce que tu comptes faire de ce copain?
> What do you aim to do with this friend?

but **tâcher** requires **de**:

> Tâchez d'arriver à l'heure.   Je tâcherai de venir demain.
> Try to arrive on time.   I'll try to come tomorrow.

7 Tel (telle, tels, telles)

> Un tel homme: such a man   De telles femmes: such women

Tel que (such as, as) also agrees with the noun it refers to:

> Les femmes ne seront libres que lorsque l'institution du mariage tel qu'il est aujourd'hui sera abolie.

> Women will only be free when the institution of marriage as it is today is abolished.

but l'institution telle qu'elle est . . .

> Il m'a raconté ses aventures telles qu'il les a vécues.
> He told me his adventures as he had experienced them

> J'ai rencontré des mannequins tels qu'on les voit dans les magazines.
> I've met some models like the ones you see in magazines

Exercices

Travaillez-vous pour gagner de l'argent?
      Oui, je ne travaille que pour ça.

Aime-t-il la télévision?
....

Les gens parlent de la libération de la femme?
....

Les femmes aiment-elles être libres?
....

Vous buvez beaucoup de thé?
....

Vous faites souvent la vaisselle?
....

Il peint des horreurs?
....

Il lui demande d'être aimable?
....

Elle dit des bêtises?
....

Ecoutez-vous les nouvelles à la radio?
....

Tu vas t'acheter cette nouvelle voiture?
      Oui, je compte bien me l'acheter.
Vous allez camper ensemble en Yougoslavie?
      Oui, nous comptons bien y camper ensemble.

Il va partir pour les Etats-Unis tout de suite?
....

Elles vont téléphoner à leur père demain?
....

Il va faire un discours au dîner?
....

Vous allez envoyer ce cadeau à vos copains?
....

Il va faire beaucoup d'enquêtes pour *L'Objectif*?
....

Vous allez vous marier à Paris?
....

Elle va revenir d'Espagne le mois prochain?
....

3

Tâchez de venir me voir bientôt
  Si j'ai le temps, je viendrai vous voir demain
Tâchez d'écrire l'article la semaine prochaine
  Si j'ai le temps, je l'écrirai demain

Tâchez de téléphoner au directeur avant vendredi

Tâchez de m'envoyer le livre immédiatement

Tâchez de finir votre travail avant de partir

Tâchez de faire vos courses avant le week-end

Tâchez de vous acheter une nouvelle robe pour Pâques

4

Téléphonez-moi si vous êtes prêt
  Oui, si je suis prêt, je vous téléphonerai

Donnez-le-moi si vous le trouvez

Ecrivez-moi si vous allez en Bretagne

Venez me voir si vous êtes à Paris

Tâchez de me téléphoner si vous avez le temps

Achetez les livres si vous avez assez d'argent

5

Téléphonez-moi quand vous serez prêt
  Oui, quand je serai prêt je vous téléphonerai

Donnez-le-moi quand vous le trouverez

Ecrivez-moi quand vous irez en Bretagne

Venez me voir quand vous serez à Paris

Tâchez de me téléphoner quand vous aurez le temps

Achetez les livres quand vous aurez assez d'argent

11 *Le second souffle de Pastourelles*

La grande ruée vers la neige va bientôt commencer. Par le train et la route, des centaines et des milliers de gens vont partir pour les pistes enneigées des stations de sports d'hiver. Les hôteliers font leurs derniers préparatifs et les moniteurs terminent leur entraînement. Tout le monde veut être fin prêt.

Un petit village des Alpes veut aussi être fin prêt: c'est Pastourelles. C'était un village de bergers mais la vie est dure maintenant et les jeunes partent dans la vallée. Alors le maire a contacté des sociétés parisiennes et le village s'est vite transformé en une station de sports d'hiver. Une énorme campagne de publicité devrait lui apporter dès cette année un succès rapide. Mais nous n'en sommes pas encore là. Aujourd'hui, c'est l'inauguration officielle de la station. Marc Gallant est sur place, et a interrogé Madame le maire.

M. Gallant	Bonjour, Madame, vous êtes le maire de Pastourelles, je crois?
Le maire	C'est exact, Monsieur, j'ai l'honneur et la joie de présider aux destinées de notre village. Je suis maire de cette commune depuis 3 ans.
M. Gallant	Madame, je voudrais savoir ce qui vous a donné l'idée de créer une station de sports d'hiver à Pastourelles.
Le maire	Eh bien, quand j'ai vu tant d'autres villages autour de nous passer des vaches à lait aux touristes je me suis dit: on devrait bien en faire autant. Le village se vide mais il est joli, on pourrait sûrement en faire quelque chose. Alors, j'ai réuni le conseil municipal et après six mois de discussions, nous avons décidé de transformer le village en station de sports d'hiver.
M. Gallant	Mais où avez-vous trouvé les capitaux?
Le maire	Un des enfants du pays avait fait fortune à Paris comme agent immobilier. On l'a contacté et il est venu sur place voir les possibilités de développement. Ensuite nous avons pris contact grâce à lui avec une très importante société de financement. Après discussion, cette société a accepté d'équiper entièrement le village.
M. Gallant	Oui, à ce propos, quel équipement offre Pastourelles?
Le maire	Pastourelles offre 200 chambres réparties en trois hôtels de différentes catégories, et une auberge de jeunesse. Mais on peut aussi acheter ou louer un châlet ou un appartement, car il y a des possibilités dans ce domaine.
M. Gallant	Je me tourne maintenant vers Monsieur Lapente, directeur sportif de Pastourelles. Monsieur, la station est-elle aussi bien pourvue en ce qui concerne les équipements propres aux sports d'hiver?
M. Lapente	Certainement, nous offrons trois pistes de ski de difficultés différentes, une remontée mécanique, une patinoire olympique et un tremplin. Il y a aussi une piscine de plein air chauffée.
M. Gallant	Et pour ceux que les sports d'hiver proprement dits n'intéressent pas?
M. Lapente	Nous avons des parcours de promenade à pied qui sont très bien aménagés et il y a aussi la possibilité de faire de l'alpinisme. Comme vous le voyez, il faudrait vraiment faire des efforts pour ne pas s'occuper à Pastourelles.
M. Gallant	Et pour les noctambules? Est-ce que la vie nocturne est animée?
M. Lapente	Ce n'est pas tout à fait mon rayon mais je peux quand même vous dire que ceux qui ne font rien dans la journée pourront trouver à s'amuser ici: nous avons un cinéma et une boîte de nuit.
M. Gallant	Je dois dire que tout cela semble bien prometteur—et quelles sont vos ambitions pour les années futures?
M. Lapente	Nous espérons prendre un bon départ et nous agrandir si tout va bien. Nous souhaiterions organiser les jeux Olympiques d'hiver! Mais pour ça il faudrait un équipement beaucoup plus important—enfin, c'est un beau rêve.
M. Gallant	Mais, pourquoi pas? Comptez-vous organiser prochainement des manifestations sportives?
M. Lapente	Oui, nous avons plusieurs projets immédiats. Nous espérons que

l'année prochaine le championnat de France de ski se déroulera à Pastourelles. Ça serait bon pour la publicité de la station. Si tout marchait bien, nous voudrions aussi accueillir les championnats d'Europe de patinage artistique dans deux ans.

M. Gallant Je vois que vous avez là un programme chargé. Tous mes vœux de succès, Monsieur Lapente. Mais, pour revenir à vous Madame, tous ces changements, n'ont-ils pas tué le vieux Pastourelles? Ne regrettez-vous pas un peu la douceur du village?

Le maire Oh bien sûr, le vieux Pastourelles est mort mais, que voulez-vous, il serait mort n'importe comment. Les gens quittaient le village, alors, le faire revivre même en le tuant d'une certaine façon, ça valait mieux.

M. Gallant Que font les habitants de Pastourelles maintenant?

Le maire Eh bien, ceux qui ont été expropriés sont partis mais beaucoup ont vendu de bon gré et sont restés travailler dans la nouvelle station. Que voulez-vous, c'est l'avenir!

M. Gallant Pensez-vous qu'un certain nombre de gens viendront se fixer définitivement à Pastourelles?

Le maire Oh, ça se pourrait bien! Après tout, le nouveau Pastourelles est plaisant. Pourquoi les gens ne viendraient-ils pas y vivre? Personnellement, je pense que la population du village va tripler dans les cinq années à venir. Ça va faire des électeurs, tout ça! Hé, il faut y penser, les prochaines élections municipales sont dans trois ans. Et je compte bien être réélue!

M. Gallant Mais c'est tout le mal que je vous souhaite. Au revoir, Madame le maire et merci.

Mots et expressions

Le second souffle	The second wind
La grande ruée . . .	The big rush . . .
les pistes enneigées	the snow-covered ski slopes
fin prêt	really ready. (**Alors, vous êtes fin prêts pour l'examen?**)
Une énorme campagne de publicité devrait lui apporter dès cette année un succès rapide.	A huge publicity campaign should bring it rapid success beginning this year
Mais nous n'en sommes pas encore là.	But we haven't reached that stage yet
Madame le maire	It is fairly common in France to have lady mayors, especially in small country places. Even tiny villages in France have mayors
cette commune	A **commune** is an administrative unit. It refers to a town or village with its surrounding fields and hamlets. It is presided over by a **maire** and a **conseil municipal** (local council)
on devrait bien en faire autant	we really ought to do the same
on pourrait sûrement en faire quelque chose	We certainly ought to be able to make something of it
les capitaux	the capital (**Il manque de capitaux pour s'acheter ce magasin**: He lacks capital to buy himself this shop)
. . . avait fait fortune . . .	. . . had made his fortune . . .
la station est-elle aussi bien pourvue en ce qui concerne les équipements propres aux sports d'hiver?	is the resort as well provided for as regards the facilities necessary for Winter sports?
une piscine de plein air chauffée	a heated open-air swimming pool
les sports d'hiver proprement dits	Winter sports proper
Nous avons des parcours de promenade à pied qui sont très bien aménagés	We have well set-out and sign-posted routes for walks. **Promenade à pied** is 'a walk', **promenade à cheval** 'a ride' and **promenade en voiture** 'a drive'
pour ne pas s'occuper	not to have something to do
. . . pourront trouver à s'amuser ici	. . . will find things to amuse themselves with here
Nous espérons prendre un bon départ.	We're hoping to make a good start.
prochainement	in the near future (**Prochainement sur cet écran: L'Architecte**. Coming shortly . . .)

de bon gré	of their own accord, willingly
ça se pourrait bien	that could well be, that's quite possible
ais c'est tout le mal que je vous souhaite	That's the only harm I wish you; I hope nothing worse happens to you

Notes sur la langue

The conditional

This corresponds to I'd (I would, should . . .) in English.
The endings are:

-ais, -ais, -ait, -ions, -iez, -aient

and they are added to the infinitive in the same way as the future endings are. (See page 27.)

| interroger: | j'interrogerais |
| passer: | je passerais |

Here is the conditional of **passer**:

je passerais, tu passerais, il passerait
nous passerions, vous passeriez, ils passeraient

The verbs mentioned in Lesson 3, page 27, as having an irregular future, also have an irregular conditional.

aller:	future:	j'irai	conditional:	j'irais
avoir:		j'aurai		j'aurais
être:		je serai		je serais
		etc.		

Notice also:

| falloir (il faut) | il faudra | il faudrait |

The conditional implies certain reservations, and an unwillingness to commit oneself, especially in reporting statements or opinions:

Nous souhaiterions organiser les jeux Olympiques d'hiver.
We should like to organize the Winter Olympics.

Mais pour ça il faudrait un équipement beaucoup plus important.
But for this we would need many more facilities.

It is often found in newspaper reports of this kind:

Selon *L'Objectif*, Pastourelles deviendrait une station de sports d'hiver très importante.
According to *L'Objectif*, Pastourelles could become a very important winter sports resort.

It is also used in asking rhetorical questions:

> Pourquoi les gens ne viendraient-ils pas?
> Why shouldn't people come?

But its most common use is in conditional sentences, after **si** and the imperfect:

> Si tout marchait bien, nous voudrions aussi accueillir les championnats de patinage artistique.
> If all were to go well, we would also like to play hosts to the ice-skating championships.
> Si j'avais de l'argent, j'irais passer les vacances à Pastourelles.
> If I had money, I would go to Pastourelles for my holidays.
> Si un des enfants du pays n'avait pas fait fortune à Paris, nous n'aurions peut-être pas trouvé les capitaux.
> If one of our boys had not made his fortune in Paris, perhaps we would not have found the capital.

2   Approximate numbers

For **centaine**, see Lesson 4, page 37.
The last in the series of words expressing approximate quantities is **millier** (from **mille**), meaning 'about a thousand':

> des centaines et des milliers de gens

Note the difference between

deux mille touristes	two thousand tourists (exactly)
and	
deux milliers de touristes	about two thousand tourists

3   Titles

Some French titles are preceded by **Monsieur** or **Madame**. In this case the appropriate definite article must be placed before the title:

> Monsieur le directeur ⎫ Used in addressing people occupying managerial
> Madame la directrice ⎭ positions, chairmen, heads of schools, etc.

If the title has no feminine form, the definite article is masculine:

> Madame le Maire

Some other French titles are not preceded by either **Monsieur** or **Madame**, e.g. titles given to members of the army. (When used by inferiors in rank, these are usually preceded by the possessive **mon: mon capitaine, mon général**).

The most common title in this group is **docteur**, used to address medical doctors of both sexes.

Exercices

1   Les clients arrivent ce soir
        Selon Marc Gallant les clients arriveraient ce soir

    La ruée vers la neige commence bientôt
        Selon Marc Gallant, la ruée vers la neige commencerait bientôt

    Des milliers de gens sont prêts à partir pour les pistes enneigées

    Les moniteurs terminent bientôt leur entraînement

    Le maire contacte immédiatement des sociétés parisiennes

    Une bonne campagne de publicité doit apporter un succès rapide

    Il faut interroger le maire

    Le maire a l'idée de créer une station de sports d'hiver

    On peut faire quelque chose de bien

    Le conseil municipal décide de transformer le village

2   Si tout va bien, je passerai les vacances à Pastourelles
        Si tout allait bien, je passerais les vacances à Pastourelles

    S'il trouve les capitaux, il s'achètera un châlet

    Si nous sommes libres ce soir, nous irons dans une boîte de nuit

    Si je trouve mon porte-monnaie, j'irai en ville

    Si nous gagnons à la Loterie, nous louerons un appartement

    S'ils reviennent, nous partirons

    S'il fait beau demain, vous pourrez jouer au tennis

3 Pourquoi ne venez-vous pas à Pastourelles?
       Si je pouvais, je viendrais volontiers

   Pourquoi ne passez-vous pas au village demain?
       Si je pouvais, j'y passerais volontiers

   Pourquoi n'achetez-vous pas une petite voiture de ville?

   ....

   Pourquoi n'en parlez-vous pas au maire?

   ....

   Pourquoi ne prenez-vous pas vos repas à l'hôtel?

   ....

   Pourquoi n'apportez-vous pas vos skis avec vous?

   ....

   Pouquoi ne faites-vous pas la cuisine tous les jours?

   ....

4 L'hôtel a une vingtaine de clients pour Pâques
       Plus exactement il en a vingt et un

   On construit une quarantaine de châlets

   ....

   Il y a une cinquantaine de journalistes

   ....

   L'exposition a une quinzaine de toiles

   ....

   Il y a une dizaine de moniteurs de ski

   ....

   Il me reste une soixantaine de livres

   ....

   Le village compte un millier d'habitants

   ....

5 Exercice écrit

   Write in the conditional

   Les hôteliers font leurs préparatifs
       Les hôteliers feraient leurs préparatifs

   Tout le monde est fin prêt

   ....

   Les jeunes partent dans la vallée

   ....

   Le village se transforme en une station de sports d'hiver

   ....

100

Le village est vide sans touristes

....

Il faut trouver des capitaux

....

Nous regrettons la douceur du village

....

Les gens quittent le village

....

Notes sur la vie

.e ski en France

En 1890 les premiers skis sont introduits en France. Mais ils ne trouvent pas tout de suite d'usage pratique. Le XXème siècle voit les débuts du ski et en 1924 ont lieu à Chamonix les premiers jeux Olympiques d'hiver.

Le véritable essor du ski commence vers 1930 avec la Fédération française de ski et les victoires d'Emile Allais en 1937.

Après la deuxième guerre mondiale, le développement du ski est foudroyant et marqué par une grande 'popularisation'. Depuis, les succès en compétition des skieurs et des skieuses de l'équipe de France ont bien sûr contribué à rendre ce sport populaire.

Certaines initiatives sont particulièrement intéressantes. Par exemple:

les 'classes de neige'. Les enfants des écoles primaires sont envoyés à la montagne avec leur instituteur et un professeur d'éducation physique. Le matériel leur est prêté sur place et les frais sont très bas. Il y a classe le matin, ski l'après-midi et étude en fin d'après-midi. En 1965, 35.000 élèves avaient profité de ces 'classes de neige'. Il est bien entendu beaucoup plus difficile d'organiser ce genre de choses au niveau du lycée, où il faut déplacer plusieurs professeurs.

Pour les jeunes enthousiastes, a été créée l'Union nationale des camps de montagne, qui organise des stages de ski et d'alpinisme.

Pour ceux qui désirent se spécialiser, il existe une Ecole nationale de ski et d'alpinisme, qui forme les moniteurs et les instructeurs.

12 &rande première

Le monde du cinéma est en émoi. Ce soir sort sur les écrans parisiens le film tant attendu de Georges Dupont, 'L'Architecte'. Les rares privilégiés qui ont assisté au tournage disent que ce film marquera certainement un tournant dans l'histoire du cinéma. Sa technique et sa profondeur intellectuelle devraient en faire un des chefs-d'œuvre du 7ème art.

Devant l'importance de l'événement, *L'Objectif* a décidé d'envoyer deux de ses membres les plus éminents: Pelloche pour le côté cinématographique et Louise de Hautevolée pour le côté mondain. Tout le monde se retrouve à la sortie pour les commentaires.

M. Pelloche	Alors, Louise, vos impressions?
Mlle Louise	Oh, là, là, quelle soirée! J'ai manqué m'endormir au moins quinze fois. Je dois être vraiment idiote, mais je n'ai absolument rien compris. Ça m'est complètement passé par-dessus la tête. Je ne vois vraiment pas qui pourrait être en mesure d'apprécier ce film. Qu'en pensez-vous, Pelloche?
M. Pelloche	En effet, c'est assez difficile, mais moi, j'ai trouvé ça intéressant. Evidemment, ce n'est pas un film commercial pour le public du samedi soir, mais ça fait penser. J'ai apprécié les allusions littéraires et philosophiques. C'est un homme cultivé ce Dupont.
Mlle Louise	Hum, j'ai l'impression que l'intellectuel ressort très fort en vous! Alors, allons-y! Assommez-moi du poids de votre érudition. Quelles sont ces allusions?
M. Pelloche	D'abord, remarquez que le héros est un architecte, c'est à dire, un créateur, et presque un artiste. Et pourtant cet architecte ne s'intéresse pas aux bâtiments, à ce qui est au-dessus du sol. Il est obsédé par les caves. Or la cave représente la descente en soi, la descente dans le subconscient.
Mlle Louise	Oui, jusqu'ici je vous suis. Mais dites donc, je ne vous savais pas si profond!
M. Pelloche	Oh mais, je n'ai pas été critique cinématographique pendant 10 ans pour rien! Bon, je continue. Cet architecte devient fou. Pourquoi? Parce qu'on lui demande uniquement de construire des bâtiments au-dessus du sol. D'où sa frustration. Vous me suivez?

Mlle Louise	Oui. Mais enfin, il réalise quand même deux bâtiments qui sont en grande partie sous terre. Par exemple son garage souterrain et son abri anti-atomique.
M. Pelloche	D'accord. Mais c'est justement là que se révèlent ses obsessions: pensez à ces escaliers interminables qui *descendent* toujours, ces couloirs et ces innombrables portes. Tout cela montre bien un début de folie.
Mlle Louise	Bravo! Vous m'avez convaincue. Mais il y a encore quelque chose que je ne comprends pas: que signifie la dernière image où l'on voit une tour? Après le bombardement, l'architecte sort de la cave où il s'est abrité. Et il regarde fixement une tour.
M. Pelloche	Mais c'est très simple. Ce bombardement produit la guérison. En effet, c'est dans une cave qu'il subit l'expérience traumatisante du bombardement. La cave est donc associée à une impression désagréable. Mais, souvenez-vous aussi: juste au moment où il sort de la cave avec sa secrétaire, il tombe amoureux d'elle.
Mlle Louise	Oui, et alors?
M. Pelloche	Mais voyons, c'est évident! Jusqu'alors, l'architecte était incapable d'émotions et de sentiments.
Mlle Louise	Oui, effectivement. Les femmes ne l'intéressaient pas du tout. Mais je ne vois pas le rapport.
M. Pelloche	Je vais vous expliquer. En sortant de la cave, il est débarrassé de ses obsessions, et il retrouve émotions et sentiments. Le tout était lié. Dès lors, il s'intéresse aux femmes et aux constructions en hauteur, d'où le symbole évident de la tour. A tous les points de vue, il est guéri!
Mlle Louise	*(Sifflement admiratif)* Bravo! C'est formidable, j'ai tout compris maintenant. Ah, ah, je vais pouvoir épater mes petites amies avec vos brillantes interprétations.
M. Pelloche	Hélà, je vais vous réclamer des droits d'auteur, moi! Remarquez, vos petites amies en sauront autant en lisant le prochain numéro de *L'Objectif*. Tiens, mais je vois notre auteur qui arrive. Allons lui poser quelques questions. Alors, Georges Dupont, vous êtes satisfait?
G. Dupont	Oui, je crois que le public a approuvé mon œuvre.
M. Pelloche	Vous croyez que beaucoup de gens ont compris?
G. Dupont	Comprendre? Pourquoi? Je ne donne rien à comprendre. Je donne au spectateur un moule. Il y met ce qu'il veut. Ce n'est pas moi qui fais mon film, c'est nous. C'est merveilleux, cet acte de co-création avec le public.
M. Pelloche	On ne saurait donc donner un sens précis à votre film?
G. Dupont	Surtout pas! Ce serait le tuer, le réduire à rien. Donner un sens est limiter l'idée, combler définitivement le moule. Ce serait une trahison!
M. Pelloche	Merci, Georges Dupont. A votre prochaine œuvre. Bon, ma chère Louise, je crois que je vais me reposer l'esprit en allant voir 'Filles nues à Gibraltar'. Là au moins je ne risque pas d'attraper mal à la tête!

Mots et expressions

Le monde du cinéma est en émoi	There's a lot of excitement in the cinema world
un des chefs-d'œuvre du 7ème art	one of the masterpieces of the 7th art. The 7th art is the cinema, the 8th, **le 8ème art**, is television
pour les commentaires	lit. for the comments,—to discuss it. (**Les commentaires de la presse parisienne sont très favorables**)
Ça m'est complètement passé par-dessus la tête	It was completely above my head
ça fait penser	it makes you think
D'où sa frustration	Hence his frustration
Mais c'est justement là que se révèlent ses obsessions	But this is exactly where his obsessions are revealed
On ne saurait donc donner un sens précis à votre film?	One shouldn't therefore give a precise meaning to your film?
Surtout pas!	Certainly not,—absolutely not!
je ne risque pas d'attraper mal à la tête	I don't run any risk of getting a headache (**J'ai attrapé un rhume**: I've caught a cold.)

Notes sur la langue

1   Position of adjectives

The vast majority of French adjectives come after the noun they refer to:

sa profondeur intellectuelle
un film commercial
les allusions littéraires

But some short adjectives in common use go before the noun:

un gros chat
un petit chien
j'aime la bonne cuisine
il n'est pas mauvais garçon
c'est une jolie fille
c'est un jeune homme de 18 ans

In a few cases the meaning of the adjective changes according to its position:

la dernière séance	the last performance
la séance dernière	the previous performance

un grand homme	a great man
un homme grand	a big man
un pauvre homme	an unfortunate man
un homme pauvre	a poor man (without money)
une ancienne ferme	a former farm
une ferme ancienne	an old farm

The normal position for other adjectives can be reversed for reasons of emphasis or rhythm:

> ces escaliers interminables et ces innombrables portes
> vos brillantes interprétations

If a phrase consisting of a noun and an adjective is itself qualified by another adjective, the second adjective comes before the noun:

> une voiture italienne   une jolie voiture italienne
> vos interprétations critiques   vos brillantes interprétations critiques

This order, however, does not necessarily apply to the short adjectives in common use described above:

> un petit chien charmant *but also* un charmant petit chien
> une jeune fille jolie *but also* une jolie jeune fille

Expressions of place

Note the following expressions:

sous-terre (adverb)
souterrain (adjective) } underground

> Il a bâti son garage sous-terre
> Il a bâti un garage souterrain

au-dessus de	above	au-dessus du sol	above ground
au-dessous de	under	au-dessous du sol	underground
par-dessus	above, over	(implying the idea of 'movement across')	

> L'avion volait par-dessus les Alpes

au-dessus de	above, over	(implying location or state)	

> La chambre à coucher était au-dessus de la cuisine

Verbs

(a) **manquer +** infinitive

> J'ai manqué m'endormir
> I almost fell asleep

> J'ai manqué avoir un accident
> Nous avons manqué gagner à la Loterie

(b) **demander (à quelqu'un) de +** infinitive

> On lui demande de construire des bâtiments au-dessus du sol
> They ask him to build buildings above ground

(c) être débarrassé de

> Il est débarrassé de ses obsessions
> He is freed of his obsessions

(d) s'intéresser à

> Il s'intéresse aux femmes
> He is interested in women

intéresser quelqu'un

> Les femmes ne l'intéressaient pas du tout
> Women didn't interest him at all

4 The conditional

Often the 'if' part of conditional sentences is not actually expressed but only implied:

> Si on donnait un sens précis à mon film, ce serait le tuer . . . ce serait une trahison.
> If one gave a definite meaning to my film, it would amount to destroying it . . . it would be a betrayal.

The conditional is also used in direct questions.

> On ne saurait donc donner un sens précis à votre film?
> One shouldn't therefore give your film a definite meaning?

and indirect ones

> Je ne vois vraiment pas qui pourrait être en mesure d'apprécier ce film
> I don't really see who would be in a position to appreciate this film.

> Je ne sais pas comment on pourrait aimer ce film.
> I don't know how one could like this film.

5 Use of *savoir*

Savoir directly followed by an infinitive means 'to know how to' do something. Compare the following sentences:

> Je ne sais pas nager: on ne m'a jamais appris
> I don't know how to swim: nobody ever taught me

> Je ne peux pas nager: il n'y a pas suffisamment d'eau
> I can't swim: there's not enough water.

Do not confuse **savoir** with **connaître** which means 'to know (people)' or 'to possess knowledge'.

> Il sait réparer sa voiture
> He knows how to repair his car

> Il ne connaît pas ses voisins
> He doesn't know his neighbours.

Exercices

Pourquoi a-t-il construit la maison?
> Parce qu'on lui a demandé de la construire.

Pourquoi avez-vous tourné le film?
> Parce qu'on m'a demandé de le tourner.

Pourquoi a-t-il écrit l'article?

....

Pourquoi ont-ils réalisé ce parking souterrain?

....

Pourquoi a-t-elle fait le commentaire?

....

Pourquoi a-t-il lu ce numéro du journal?

....

Pourquoi ont-elles interrogé l'auteur du film?

....

Pourquoi avez-vous envoyé la lettre?

....

Pourquoi ont-ils organisé le championnat?

....

Il s'intéresse au ski?
> Oui, le ski l'intéresse beaucoup.

Vous vous intéressez à la peinture?
> Oui, la peinture m'intéresse beaucoup.

Il s'ennuie aux expositions de peinture?

....

Ils s'intéressent à la politique?

....

Elle s'amuse au cinéma?

....

Vous vous énervez dans les embouteillages?

....

Elles s'ennuient avec les enfants?

....

Le film était-il amusant? Non, il était ennuyeux.
L'histoire était-elle obscure? ....
L'architecte était-il intelligent? ....
Le chat était-il gros? ....
Les maisons étaient-elles hautes? ....
L'église était-elle ancienne? ....
Le train était-il lent? ....

Vous êtes prêt

Quand, depuis quand, en combien de temps, tous, à sortir, fin, pour l'examen.

Notes sur la vie

Les cinémas

Il y a un certain nombre de différences entre les cinémas français et les cinémas britanniques.

En France il n'y a que rarement un programme double. En général il y a un documentaire, les actualités et le grand film.

En province, en semaine, la séance du soir est en général à 21h., ce qui est plus tard qu'en Angleterre. Le samedi, il y a deux séances—20h. et 22h. A Paris, il y a beaucoup de cinémas permanents et les séances sont en général à 14h., 16h.30, 19h., 21h.30.

Il est presque toujours interdit de fumer dans les cinémas français.

La plupart des cinémas de Paris font une réduction aux étudiants.

L'entracte, souvent très long, coupe parfois le grand film par de la publicité.

Dans les cinémas d'art et d'essai, les films sont presque toujours en version originale (en v.o.). Dans le circuit commercial, ils sont presque toujours doublés.

Les prix varient selon la place occupée. L'orchestre est en général moins cher que la corbeille (ou balcon ou mezzanine). Si vous arrivez en retard, il ne restera plus que les strapontins.

13 L'oncle se marie

Annie Ducros est tout heureuse. Elle est invitée au mariage de son oncle de province. C'est un original, cet oncle. A quarante ans il n'était toujours pas marié et les livres semblaient l'intéresser plus que toute autre chose. Professeur d'histoire au lycée local, il possède une culture étonnante et s'intéresse tout particulièrement au folklore des régions de l'ouest de la France et surtout à la sorcellerie. Annie, qui est elle-même une passionnée de magie, compte bien l'interroger sur les coutumes locales.

Elle arrive à la mairie juste au moment où le maire pose à son oncle la question fatidique.

Le maire	Jean, Antoine, Sebastien Foliot, consentez-vous à prendre Catherine, Irène, Geneviève Bouquin, ici présente, pour votre légitime épouse?
L'oncle	Oui.
Le maire	Catherine, Irène, Geneviève Bouquin, consentez-vous à prendre Jean, Antoine, Sebastien Foliot, ici présent, pour votre légitime époux?
La mariée	Oui.
Le maire	Je vous déclare unis par les liens du mariage.
	(Applaudissements, 'Vive les mariés'.)

A. Ducros	Toutes mes félicitations et tous mes vœux de bonheur. Tenez, je vous embrasse tous les deux. Ah, ça fait bien plaisir de vous revoir après si longtemps. Alors, comment ça va?
L'oncle	Eh bien, ma foi, pour le moment, ça va. Que veux-tu, si des jeunes mariés ne sont pas heureux et satisfaits cinq minutes après le mariage, il n'y a plus qu'à se pendre. On est bien contents de te revoir aussi. Tu es gentille d'être venue de Paris pour nous.
A. Ducros	Mais c'est la moindre des choses. Un mariage, c'est important tout de même. En principe, ça n'arrive qu'une fois dans la vie.
L'oncle	Eh, oui! Dis donc, tu ne repars pas à Paris ce soir, hein?
A. Ducros	Si, il faut que je prenne le train de 18h. 30. Je dois rentrer. Normalement il faudrait que je sois demain midi au bureau.
L'oncle	Ah, ça non, je veux que tu viennes au banquet ce soir. Tu ne vas tout de même pas manquer ça.
La mariée	Oh oui, et puis il y a mon cousin qui remonte à Paris en voiture ce soir même. Vous n'avez qu'à lui demander qu'il vous prenne avec lui.
A. Ducros	Oh là, là, après un banquet, je ne sais pas si c'est très prudent. Si jamais il y a les gendarmes, on est bons pour l'alcootest. Et je ne tiens pas à être accusée de complicité. Comme j'ai déjà eu mon permis retiré pour excès de vitesse, je me méfie de la récidive!

La mariée	Vous n'avez rien à craindre, mon cousin est très sobre, et c'est un excellent conducteur.
L'oncle	Alors, c'est d'accord?
A. Ducros	Bon, entendu. Je reste. D'ailleurs, je suis bien contente. Je vais en profiter pour te demander certaines choses sur les coutumes locales.

A. Ducros	Oh, on m'a placée à la gauche du marié. Quel honneur!
L'oncle	Mais c'est normal. Tu es ma nièce de Paris. C'est toi la vedette.
A. Ducros	Dis donc, je voulais te demander quelque chose. Qu'est-ce que c'est que toutes ces croix blanches peintes au-dessus des portes d'étable?
L'oncle	Ah ça, c'est pour éloigner le mauvais sort. Tu sais, les gens sont très superstitieux par ici. Ils pensent que quand le diable veut mettre la maladie dans une étable, s'il y a une croix, il est effrayé. Il y en a même qui croient ça plus efficace que les vaccinations!
A. Ducros	Ah c'est donc ça. C'est curieux comme coutume!
L'oncle	Oh, mais il y a mieux, certains clouent des chouettes, ou des chauve-souris sur les portes. Mais ça se voit de moins en moins.
A. Ducros	Y a-t-il beaucoup de gens qui croient encore à tout cela?
L'oncle	Oh oui, plus qu'on ne pense. Par exemple, très souvent les paysans par ici, quand ils sont malades, ils vont voir un 'rebouteux', comme ils les appellent. Ce sont des genres de guérisseurs qui ont parfois un don pour remettre les membres déplacés. Mais ils font aussi pas mal de dégâts.
A. Ducros	Et est-ce qu'il y a encore beaucoup de sorciers?
L'oncle	Ils disparaissent peu à peu mais il y en a encore un certain nombre. Par ici on les appelle souvent des 'j'teux de sort', c'est-à-dire des gens qui jettent le mauvais sort; les paysans leur attribuent tout un tas de forfaits: vaches malades, mauvaises récoltes, fausses couches, etc., etc.
A. Ducros	Mais ils doivent être détestés.
L'oncle	Oui, mais on les craint beaucoup. Alors pour lutter contre leur influence, on va voir un autre sorcier. Il vous dit ce qu'il faut faire pour conjurer le mauvais sort. Parfois le remède est plus dangereux que le mal et ça amène des accidents. Alors la justice s'en mêle.
A. Ducros	Et ils sont punis?
L'oncle	Oh oui, les journaux de la région sont toujours pleins d'affaires de sorcellerie. C'est une des spécialités régionales. Tiens, en parlant de spécialités, cette galantine de volaille qui est dans mon assiette me plaît bien. Allez, attaquons. Bon appétit.

'heureux père conduit la noce!

Mots et expressions

C'est un original	He's a character
il possède une culture étonnante	He's extraordinarily cultured, well-read
Jean, Antoine . . .	French people usually have at least two Christian names, but only ever use one initial
consentez-vous . . .	These are the usual wedding lines in French civil weddings
Toutes mes félicitatiọns et tous mes vœux de bonheur	All my congratulations and every good wish for your happiness—this is the customary way of congratulating newly-weds
ça fait bien plaisir de vous revoir . . .	it's lovely to see you again . . .
il n'y a plus qu'à se pendre	there's nothing left for them but to hang themselves
c'est la moindre des choses	It's the least I can do
demain midi	tomorrow at midday (cf. also **ce midi** p. 35)
tu ne vas tout de même pas manquer ça	You're not going to miss that! **J'ai manqué le train**—I've missed the train. But **manquer** also means 'to lack': **Je manque d'argent; Je manque de courage.**
on est bons pour l'alcootest	We're sure to fail in the breathalyser. The breathalyser, **l'alcootest**, was introduced in France in 1970.
Et je ne tiens pas à être accusée de complicité	And I'm not keen to be accused of complicity
Je me méfie de la récidive	I'm wary of being caught again
par ici	around here
Il y en a même qui croient ça plus efficace que les vaccinations!	There are even some people who think it is more effective than vaccination!
Mais ça se voit de moins en moins	But that's seen less and less
Y a-t-il beaucoup de gens qui croient encore à tout cela?	Note that 'to believe in' is **croire à**
un 'rebouteux'	a 'bone-setter'
Mais ils font aussi pas mal de dégâts	But they also do quite a lot of damage
'j'teux de sort'	wizard, lit. a spell-caster
les forfaits	misdeeds, (**le criminel a payé pour son forfait**)
Alors la justice s'en mêle	Then the law comes into it
galantine de volaille	galantine of poultry

Notes sur la langue

The present subjunctive

The present subjunctive is formed from the **ils** form of the present indicative, minus -ent e.g. **ils écriv -ent**

To the stem **écriv-** the following endings should be added:

-e, -es, -e, -ions, -iez, -ent

So the present subjunctive of **écrire** is:

j'écrive, tu écrives, il écrive, nous écrivions, vous écriviez, ils écrivent.

Some verbs have an irregular present subjunctive. Here are some of the most common ones:

aller:	j'aille, tu ailles, il aille, nous allions, vous alliez, ils aillent
avoir:	j'aie, tu aies, il ait, nous ayons, vous ayez, ils aient
être:	je sois, tu sois, il soit, nous soyons, vous soyez, ils soient
faire:	je fasse, tu fasses, il fasse, nous fassions, vous fassiez, ils fassent
pouvoir:	je puisse, tu puisses, il puisse, nous puissions, vous puissiez, ils puissent
prendre:	je prenne, tu prennes, il prenne, nous prenions, vous preniez, ils prennent
savoir:	je sache, tu saches, il sache, nous sachions, vous sachiez, ils sachent
venir:	je vienne, tu viennes, il vienne, nous venions, vous veniez, ils viennent
vouloir:	je veuille, tu veuilles, il veuille, nous voulions, vous vouliez, ils veuillent.

Uses of the subjunctive

The subjunctive is rarely used by itself. It is usually the second verb in a sentence where the first verb expresses the idea that something is possible but not certain, is doubtful, is feared or desired or is compulsory.

It is used with such expressions as:

Je voudrais que . . .	(expressing a wish)
Je souhaite que . . .	(,, ,, ,,)
Je veux que . . .	(,, ,, command)
J'ai peur que . . .	(,, ,, fear)
Il est possible que . . .	(,, ,, possibility)
Il faut que . . .	(,, ,, necessity)
Je ne suis pas sûr que . . .	(,, ,, doubt)
Demandez que . . .	(,, ,, request)

Je veux que tu viennes au banquet
I want you to come to the reception

Demandez-lui qu'il vous prenne avec lui
Ask him to take you with him

Je souhaite que Louise soit contente
I want Louise to be happy

The subjects of the two parts of the sentence must normally be different. Compare:

Je veux que tu viennes au dîner
and
Je veux venir au dîner
Je souhaite que Louise soit heureuse
and
Je souhaite être heureuse.

The subjunctive is also used after **avant que** (before) and **bien que** (although).

2 Plural adjectives after *on est*

Since **on** is impersonal (i.e. it does not refer to any single person in particular), adjectives after **on est** are usually plural:

On est bien contents de te revoir
Après la promenade on était bien fatigués

3 Tout (of Lesson 3 page 28)

Tout may, or may not agree with the adjective which follows it, according to whether it is itself an adjective or an adverb.

Compare:

Les livres l'intéressent plus que toute autre chose
Books interest him more than anything else (lit. every other thing) (adjective)

Je dis tout autre chose
I'm saying a completely different thing (adverb)

Ils sont tout petits
They are very small (adverb)

If **tout** precedes an adverb, then it is itself an adverb and does not change:

Il s'intéresse tout particulièrement au folklore
He is particularly interested in folklore

Notice however that when the adverb **tout** is followed by a feminine adjective beginning with a consonant it becomes **toute** or **toutes**.

Une toute petite fille

This is simply a question of euphony.

Exercices

Il veut que je vienne demain?
        Non, il veut que vous veniez aujourd'hui.

Il veut que je parte demain?

....

Il veut que je l'écrive demain?

....

Il veut que j'y aille demain?

....

Il veut que je sois au bureau demain?

....

Il veut que je prenne le train demain?

....

Il veut que je lui téléphone demain?

....

Il veut que je lui parle demain?

....

Il veut que je revienne demain?

....

Il veut que je prépare le gâteau demain?

....

2   Il ne peut pas prendre le train de 18 heures.
        Il faut absolument qu'il le prenne.

Je ne peux pas aller au bureau demain.

....

Elle ne peut pas assister au banquet ce soir.

....

Ils ne peuvent pas faire leur travail à temps.

....

Il ne peut pas écrire à sa mère aujourd'hui.

....

Nous ne pouvons pas être chez le directeur avant midi.

....

Ils ne peuvent pas trouver de place.

....

Il ne peut pas conduire la voiture.

....

3   Je dois y aller tout de suite.
              Il faut que j'y aille tout de suite.

Il doit prendre ses vacances en juin.

Nous devons écrire l'article ensemble.

Vous devez sortir avec votre belle-mère.

Ils doivent descendre au premier arrêt.

Elle doit être chez elle à cinq heures.

Il doit mettre son pardessus pour aller au théâtre.

4   Il m'a prêté son appareil photo.
              Je lui ai demandé de me le prêter.

Il m'a donné son opinion sur le vin.

Ils m'ont fini ma robe à temps pour le banquet.

Mon cousin m'a apporté le cadeau de noces.

Elles m'ont fait voir leur appartement.

L'oncle m'a expliqué ses idées.

La mariée m'a montré ses beaux meubles.

Notes sur la vie

Le mariage en France

En France, le mariage civil (ou mariage à la mairie) précède obligatoirement le mariage religieux (ou mariage à l'église). Ce sont deux cérémonies entièrement distinctes alors qu'en Angleterre on signe juste un registre civil après le mariage religieux. Les maris français portent presque toujours une alliance, à la différence des maris anglais.

Certains mariages constituent parfois de véritables spectacles, notamment en Bretagne où les invités dansent souvent des danses folkloriques sur la place publique.

14   *Louise cherche un logement*

Louise de Hautevolée a bien des ennuis: elle doit quitter son vieil appartement du XVIème. Le propriétaire a vendu son immeuble pour qu'il soit démoli et pour qu'un parking soit construit à la place. Il dit qu'avec le bénéfice qu'il va réaliser, il pourra se retirer sur la Côte d'Azur.

Louise, elle, avant de penser à se retirer, doit d'abord penser à se loger et chacun sait que ce n'est pas facile de trouver un appartement à Paris. Louise s'est renseignée à droite et à gauche, mais sans succès. En désespoir de cause, elle revient à son bureau à *L'Objectif* et passe voir Calliope pour lui raconter ses malheurs.

	(toc, toc, toc)
M. Calliope	Entrez . . . Ah, bonjour, ma chère Louise, comment ça va?
Mlle Louise	Moi, ça va. Mais c'est plutôt mon histoire de logement qui va mal.
M. Calliope	Ah bon, vous n'avez encore rien trouvé? Comment ça se fait? Ce n'est pourtant pas la question d'argent qui vous préoccupe. Mais, vous avez essayé les petites annonces?
Mlle Louise	Ah oui, je n'en dors plus la nuit! Toutes ces annonces qui me trottent dans la tête! Et puis, comme c'est en abrégé, il y a de quoi devenir folle! Mais ça n'a rien donné. Enfin, encore quelques jours de ce traitement et j'aurai un logement gratis à l'hôpital psychiatrique de Sainte Anne.
M. Calliope	Oui, ou vous pourriez aussi assassiner deux ou trois de vos contemporains, comme ça vous seriez logée aux frais des contribuables dans une de nos nombreuses prisons.
Mlle Louise	Oui, mais alors, à part les œuvres d'imagination, je ne vois pas très bien ce que je pourrais écrire pour *L'Objectif*!
M. Calliope	Oui, évidemment! Et les agences, vous n'avez pas essayé les agences?
Mlle Louise	Si, mais hélas, je suis allée de surprise en surprise. La première agence que j'ai contactée me proposait un deux pièces-cuisine dans le 17ème pour 600F. par mois. J'ai d'abord trouvé ça un peu cher.
M. Calliope	Oh, vous savez, maintenant, c'est tout ce qu'on peut avoir pour ce prix-là.
Mlle Louise	Oui, mais ce n'est pas tout. Il fallait payer à l'agence l'équivalent d'un mois de loyer et verser quatre mois d'avance. Mais enfin, ça me plaisait bien, alors j'ai accepté.
M. Calliope	Ah bon, eh bien alors, vous êtes logée! Qu'est-ce que vous me racontez, la vie n'est pas si triste!
Mlle Louise	Oh mais si, mais si! Parce que, quand je suis retournée pour emménager, il y avait déjà du monde! Oui, mon agent avait loué l'appartement à deux autres personnes et avait disparu avec notre argent, en laissant la clé sous la porte, mais sans laisser d'adresse, naturellement!

M. Calliope	Oh, ma pauvre Louise! Et qu'est-ce que vous avez fait?
Mlle Louise	Eh bien, j'ai mis opposition sur mes chèques immédiatement, mais enfin, ça fait des histoires, c'est embêtant. Alors ensuite, j'ai plutôt cherché dans le neuf. Dans une agence j'ai vu 'Goûtez un nouvel art de vivre à Aubervilliers 14'. J'ai demandé le prospectus. C'était très prometteur: piscine, tennis, centre commercial, architecture ultra-moderne, etc. Alors, je suis allée voir.
M. Calliope	Et qu'est-ce que ça donnait?
Mlle Louise	Ah, incroyable! D'abord, ça avait été construit sur l'emplacement d'un ancien bidonville. Donc, pour le site, il y avait: à gauche, un immense dépôt d'ordures, à droite, un cimetière, derrière, une usine et devant, le canal. Ça, pour un nouvel art de vivre, on était gâtés!
M. Calliope	Oui, en effet! Mais la piscine et tout ça?
Mlle Louise	La piscine était réservée aux gens qui achetaient un quatre pièces et au-dessus. Et la construction du centre commercial était prévue dans trois ans.
M. Calliope	Mais l'architecture était moderne?
Mlle Louise	Ah, pour ça, oui! Les plafonds étaient aussi bas que la loi le permet, les ouvertures réduites au minimum et les murs étaient si peu épais qu'on n'avait pas besoin de s'acheter une radio. On pouvait entendre celle du voisin comme si on y était. Et le plus fort, c'est qu'ils avaient le culot de demander 10 millions pour un deux pièces.
M. Calliope	Décidément, ma pauvre Louise, vous n'avez pas de chance! Et par relation, vous n'avez rien trouvé?
Mlle Louise	Oh, si. J'ai un cousin qui m'a proposé de me passer sa chambre de bonne au Quartier Latin. Il termine ses études cette année, et il part pour l'Amérique. Mais c'est minuscule et moi, j'aime avoir de la place.
M. Calliope	Mais, j'y pense, j'ai une chambre libre dans mon appartement. Si ça peut vous dépanner en attendant que vous trouviez quelque chose. Moi, je n'y vois pas d'inconvénients.
Mlle Louise	Ma foi, ça me gêne un peu d'accepter, mais dans un sens, ça m'arrangerait bien. Vous êtes sûr que ça ne vous dérange pas?
M. Calliope	Mais non, mais non. Je vous propose ça en toute amitié. Maintenant, si vous préférez aller coucher sous les ponts ou à l'asile de nuit, libre à vous!
Mlle Louise	Bon, eh bien, d'accord. Monsieur et cher propriétaire, marché conclu, topez là!

PETITES ANNONCES

Mots et expressions

Louise s'est renseignée à droite et à gauche	Louise has been asking all around
En désespoir de cause	As a last resort
Ah bon	Really? Oh yes?
Comment ça se fait?	How's that?
les petites annonces	the small ads
je n'en dors plus la nuit	I no longer sleep at night because of them.
en abrégé	in abbreviated form
il y a de quoi devenir folle	it's enough to drive you mad!
Mais ça n'a rien donné	But without any result
l'hôpital psychiatrique de Sainte Anne	the psychiatric hospital of St. Anne, the most famous in Paris
aux frais des contribuables	at the taxpayers' expense
un deux pièces-cuisine	a flat with two rooms and a separate kitchen (and probably also a bathroom). The word **appartement** is understood.
600F. par mois	600F. per month, about £46
verser	to pay in—used for deposits
il y avait déjà du monde	there were already people there
en laissant la clé sous la porte	leaving the key under the door. An expression indicating that the person left in a hurry and under suspicious circumstances.
j'ai mis opposition sur mes chèques immédiatement	I stopped my cheques immediately
ça fait des histoires	it makes for complications.
j'ai plutôt cherché dans le neuf	I looked instead for something newly built.
Goûtez un nouvel art de vivre à Aubervilliers 14	Enjoy a new way of life in Aubervilliers 14. (There is a tendency in big new development sites to use the name of towns followed by a number.)
ça avait été construit sur l'emplacement d'un ancien bidonville	It had been built on the site of a former shanty town.
on était gâtés	we were given a treat
et le plus fort, c'est qu'ils avaient le culot de demander 10 millions pour un deux pièces	And the best of it was that they had the cheek to ask for 10 million for a 2-roomed flat. (**10 millions anciens francs**, about £8,000.) Some French people still think in terms of old francs, even though the New Franc (which is now officially

called the Franc) was introduced as long ago as January 1st, 1960. The Old Franc was worth one hundredth of the present franc.

Et par relation	and through connections
Si ça peut vous dépanner	If that would help you out of your difficulty. **Dépanner** is usually used in connection with cars breaking down. **Une panne** is a breakdown. (See Lesson 2.)
en toute amitié	as a gesture of friendship
sous les ponts	under the bridges—Many of the Paris down-and-outs sleep under the bridges of the Seine.
l'asile de nuit	doss house
libre à vous	you're free to do so
marché conclu, topez là!	It's a deal; let's shake on it!

Notes sur la langue

1 The subjunctive (2)

The subjunctive is always used after certain conjunctions: (See also Lesson 13).

(1) **pour que** (so that . . .)

Le propriétaire a vendu son immeuble pour qu'il soit démoli.
The owner sold his property so that it could be demolished.

(2) **bien que** (although)

Mon agent a loué l'appartement à d'autres personnes bien que je lui aie payé une avance.
My estate agent let the flat to some other people, although I had paid him an advance.

(3) **en attendant que** (until . . .)

Si ça peut vous dépanner, en attendant que vous trouviez quelque chose.
If it can help you out until you find something.

The compound tenses of the subjunctive are formed by using the subjunctive of the appropriate auxiliary and the past participle of the verb:

Bien qu'il ait vécu en Angleterre pendant deux ans il ne parle pas très bien l'anglais.

The subjunctive is also found after **je ne crois pas que** . . .

Je ne crois pas qu'il vienne

The perfect and imperfect (see also page 37)

The perfect expresses something considered as completed at a definite point in time:

Alors, j'ai accepté | So I accepted
Je suis allée voir | I went to have a look

The imperfect, on the other hand, is used to express an idea of time in which completion of an action is not important. Instead it often implies continuity, repetition, habitual actions or states:

Ça me plaisait bien | I liked it
Qu'est-ce que ça donnait? | What was it like?

The two tenses are often contrasted in the same sentence to give sharper relief to the action expressed by the perfect:

Ça me plaisait bien, alors j'ai accepté.

Or to indicate what 'was going on' before and after a definite point in time:

Quand je suis retournée pour emménager, il y avait déjà du monde.
When I came back to move in, there were already people there.

Peu

Peu can sometimes be a sort of negative:

Les murs étaient si peu épais | The walls were so thin (not thick)
C'est peu probable | It's improbable
C'était peu intéressant | It was uninteresting

Note also the difference between **peu** and **un peu** in:

J'ai bu un peu de vin | I drank a little wine
J'ai bu peu de vin | I drank little wine

Exercices

Tous les jours il se promenait le long de la rivière.
        Hier aussi il s'est promené le long de la rivière.

Tous les samedis il traversait la Seine.
        Hier aussi il a traversé la Seine

Chaque jour il allait au bureau en taxi.
        Hier aussi il est allé au bureau en taxi

Tous les dimanches elle rencontrait un ami.
        Hier aussi elle a rencontré un ami

Tous les matins le téléphone sonnait.
        Hier aussi le téléphone a sonné

Tous les soirs nous buvions un verre ensemble.
        Hier aussi nous avons bu un verre ensemble

Chaque matin la secrétaire télephonait à Paris.

Hier aussi elle a téléphoné à Paris

Chaque après-midi le locataire sonnait à la porte.

Hier aussi il a sonné à la porte

2   Louise a eu des ennuis?
         Non, je ne crois pas qu'elle en ait eu.

Le propriétaire a vendu l'immeuble?

Non je ne crois pas qu'il l'ait vendu

Il est parti pour la côte d'Azur?

Non je ne crois pas qu'il y soit parti

Elle est souvent allée au théâtre?

Non je ne crois pas qu'elle y soit souvent allée

Elle a trouvé un appartement?

Non je ne crois pas qu'elle en ait trouvé

Votre sœur a travaillé longtemps à la radio?

Non je ne crois pas qu'elle y ait longtemps travaillé

Son mari a rencontré le fils du directeur?

Non je ne crois pas qu'il l'ait rencontré

Ils ont vu le nouveau film de Georges Dupont?

Non je ne crois pas qu'ils l'aient vu

Le couturier a ouvert sa nouvelle boutique?

Non je ne crois pas qu'il l'ait ouverte

L'agent immobilier est parti hier pour Cannes?

Non je ne crois pas qu'il y soit parti

3   Louise raconte ses ennuis à Calliope?
         Non, elle ne les lui raconte pas.

Le propriétaire vend son immeuble à la municipalité?

Non il ne le lui vend pas

Vous pensez vous retirer sur la Côte d'Azur?

Non je ne pense pas m'y retirer

Vous avez parlé de ce problème à vos amis?

Non je ne leur en ai pas parlé

Il y a des locataires dans l'appartement?

Non il n'y en a pas

Vous avez demandé la clef au propriétaire?

Non je ne la lui ai pas demandée

Vous avez écrit la lettre à l'agent immobilier?

Non je ne la lui ai pas écrite

15   *Le bac... et après?*

L'éducation est une des grandes préoccupations des Français aujourd'hui. Toute famille espère que ses enfants pourront faire des études au moins, comme on dit, 'pour aller jusqu'au bachot'. Mais la route est longue de l'école maternelle au baccalauréat, sans parler des études supérieures. Beaucoup tombent en chemin ou abandonnent, découragés. Tout le monde sait que les problèmes sont multiples mais bien peu de gens savent les résoudre. La France a une longue tradition de ministres de l'Education Nationale éphémères, que l'ampleur du problème finit toujours par dévorer.

A la veille du baccalauréat, Calliope a voulu faire le point de la situation. Au cours de son enquête, il a interrogé un lycéen et une lycéenne.

M. Calliope	Monsieur, vous allez passer la première épreuve du baccalauréat demain. Vous n'avez pas trop le trac?
Le lycéen	Oh si, un peu. C'est quand même important. Ça m'embêterait d'être recalé.
M. Calliope	Vous comptez continuer vos études après le bac ou est-ce que vous allez partir travailler?
Le lycéen	C'est là tout le problème. Ma famille a tout juste les moyens de me payer mes études. Alors, ça les arrangerait bien que j'aille travailler le plus tôt possible. C'est pour ça que je veux bien réussir au bac. Si j'ai une bonne mention, je suis sûr que je pourrai convaincre ma famille de me laisser continuer.
M. Calliope	Jusqu'où pensez-vous poursuivre vos études?
Le lycéen	J'aimerais bien aller aussi loin que possible. Je voudrais être professeur d'histoire.
M. Calliope	Vous êtes attiré par l'enseignement? Ça n'est pourtant pas un métier très facile de nos jours.
Le lycéen	Je sais, mais je veux tout de même être professeur. J'ai la vocation comme on dit! J'aime bien les enfants et j'ai envie de rester dans un milieu jeune qui me forcera à demeurer jeune moi-même.
M. Calliope	Vous pensez enseigner dans un lycée ou à l'université?
Le lycéen	Ça dépendra des diplômes que j'obtiens. Si je n'ai que la licence ou le Capes, je serai obligé d'enseigner dans un lycée. Mais si j'arrive à continuer plus haut, je pourrai peut-être enseigner à l'université.
M. Calliope	Lequel des deux vous plairait le plus?
Le lycéen	Les deux ont des avantages et des inconvénients. Au lycée, les élèves sont moins mûrs et moins intéressants intellectuellement. Par contre, il y a beaucoup plus de contacts humains entre le professeur et ses élèves qu'à l'université. Je trouve le métier d'enseignant proprement dit moins intéressant à l'université. Vous êtes juste un conférencier qui ne connaît guère son public.
M. Calliope	Dans quelle région comptez-vous enseigner?
Le lycéen	J'aimerais bien revenir enseigner dans le lycée où j'ai fait toutes mes études. D'un autre côté, évidemment, Paris est irremplaçable: il y a les meilleurs spécialistes, les meilleures bibliothèques et un esprit intellectuel souvent plus hardi qu'en province.
M. Calliope	Je vous remercie pour ces réponses et je vous souhaite une carrière heureuse. Oh, j'oubliais . . . et bon courage pour demain. Au revoir.
M. Calliope	Mademoiselle, vous êtes élève de terminales et comme votre camarade que je viens d'interroger, vous allez passer le bac très prochainement?
La lycéenne	C'est exact, Monsieur, je passe ma première épreuve demain.
M. Calliope	Que comptez-vous faire après le bac? Vous voulez continuer vos études?
La lycéenne	Oh non, les études, j'en ai assez! La seule chose qui m'intéresse,

	c'est la gymnastique. Il n'y a que là que j'ai de bonnes notes. Les matières intellectuelles ne me réussissent pas.
M. Calliope	Mais alors, quel travail comptez-vous faire?
La lycéenne	Je voudrais faire de la danse moderne. Je prends déjà des cours depuis deux ans et je voudrais continuer. Je vais quand même essayer d'avoir le bac parce que beaucoup d'écoles de danse le demandent.
M. Calliope	Est-ce que vous trouvez qu'il y a assez de sport dans les écoles françaises?
La lycéenne	Non. Remarquez, je suis peut-être mauvais juge parce que moi, ça m'intéresse. Mais je pense que ça ferait du bien à un certain nombre de mes camarades de faire un peu plus de sport: ils sont tous souples comme des verres de lampe!
M. Calliope	Vous n'êtes pas attirée par le professorat d'éducation physique?
La lycéenne	Oh non, moi, l'enseignement, ça ne me dit rien du tout. Je préfère la danse, c'est un peu artistique en même temps. Ça ne m'intéresse pas de faire courir des gamins autour d'une cour ou de les regarder jouer au ballon.
M. Calliope	Mais, chacun son goût! Votre camarade, lui, était attiré par l'enseignement. Vous, c'est la danse. Ma foi, les lycées mènent à tout et comme on dit: il faut de tout pour faire un monde. Merci, Mademoiselle, au revoir et j'espère pouvoir lire un jour votre nom en tête d'affiche!

Mots et expressions

Le bac	There are various abbreviations for **le baccalauréat** (which is the final examination at the grammar school—**le lycée**): **le bac** which is fairly generally used and 'le bachot', a school slang term. From this comes the verb **bachoter** which means to work very hard over a very short period (to 'cram') for the **baccalauréat**, or by extension for any examination.
l'école maternelle	Pre-primary school (for children aged two to six)
sans parler des études supérieures	not to mention higher studies (university, etc.)
faire le point de la situation	**faire le point**: a nautical term: to take the ship's bearings; used also in journalism: to find out how things stand.

Monsieur . . .	**Jeune homme** would also be possible to address a **lycéen** though it might sound paternalistic.
passer la première épreuve du baccalauréat	**passer un examen** is to sit for an exam, to take an exam; 'to pass' is **réussir à un examen**, or **être reçu à** and to fail is **être recalé**, or **échouer**.
Vous n'avez pas trop le trac?	**trac** is 'stage-fright'. You're not feeling too nervous about it?
C'est là tout le problème	That's the whole problem.
Ma famille a tout juste les moyens de me payer mes études.	My family has only just got the money to pay for my studies for me. **J'ai tout juste de quoi vous payer**—I can only just pay you.
ça les arrangerait bien	it would suit them very well
une bonne mention	There are several **'mentions'**—(endorsements): **passable, assez bien, bien, très bien, très bien félicitations du jury**. Twenty is the maximum mark. Ten is the pass mark.
la licence	Degree equivalent to B.A. or B.Sc. (It is more specialised, with just one subject studied.) Someone who has an Arts degree would write L. ès L. after his name, cf. *Notes sur la Vie* for le Capes.
Je trouve le métier d'enseignant proprement dit . . .	I find the job of a teacher as such . . .
bon courage	This phrase (cf. lesson 1) is also used to wish someone luck in an examination (you should not use **bonne chance**—it is supposed to bring bad luck).
élève de terminales	Sixthformer
de bonnes notes	good marks
L'enseignement, ça ne me dit rien du tout	Teaching doesn't appeal to me at all.
réussissent pas	
ils sont tous souples comme des verres de lampe	They're all as stiff as boards (lit. as supple as lamp-glass).
L'enseignement, ça ne me dit rien du tout	Teaching doesn't appeal to me at all. (**Il fait froid: ça ne me dit rien de sortir.**)
Il faut de tout pour faire un monde	It takes all sorts . . .
en tête d'affiche	at the top of the bill.

Notes sur la langue

The subjunctive (3)

The subjunctive is always used after

1 il est (+adjective) que

Il est nécessaire que je réussisse à cet examen.
It is necessary for me to do well in this exam.

Il est important qu'il vienne à temps.
It is important that he comes on time.

2 ça . . . que . . .

Ça les arrangerait bien que j'aille travailler.
It would be very convenient for them if I went to work.

Ça me fait plaisir que tu sois venu.
I'm glad you came.

Note that the subjunctive is not used when the person to whom the action applies is the same in the two parts of the sentence:

Ça te ferait du bien de faire un peu de sport.
It would do you good to do some sport.

Ça les arrangerait bien d'aller travailler.
It would suit them to go to work.

or in the case of **il est** (+ adjective) **que** and **il faut que** . . . if the subject is implied by means of a pronoun.

Il m'est important d'arriver à l'heure.
It is important for me to arrive on time.

Il me faut ce diplôme.
I need this diploma.

Masculine-feminine

Feminine words can be formed in various different ways from the corresponding masculine word. Here are a few possibilities:

ais/-aise

Français/Française
Marseillais/Marseillaise — inhabitants of Marseille
Bordelais/Bordelaise — inhabitants of Bordeaux

en/-enne

lycéen/lycéenne — student at the lycée
pharmacien/pharmacienne — chemist
chrétien/chrétienne — Christian

Several adjectives, like **moyen/moyenne, quotidien/quotidienne, Italien/Italienne, mien/mienne**, etc., belong to this type.

-e/-esse

maître/maîtresse	master/mistress
nègre/négresse	negro/negress
hôte/hôtesse	host/hostess
prince/princesse	prince/princess

3 Nouns in -at

There are a number of words ending in -at connected with education:

professorat (professeur)	professorship
doctorat (docteur)	doctorate
internat (interne)	boarding school; (a boarder)
externat (externe)	day school; (a day pupil)
pensionnat (pension)	boarding school (which may teach both 'internes' and 'externes').

Le baccalauréat (etymologically similar to 'bachelor' in 'bachelor of arts', etc.) is the examination at the end of the lycée course.

4 Verbs

Note the following constructions

penser and the infinitive

Vous pensez enseigner?	Are you thinking of teaching?
Je pense poursuivre mes études	I am thinking of continuing my studies.

penser à and a noun

Il pense à son examen	He is thinking about his exam.

regarder and the infinitive

J'aime les regarder jouer au ballon.
I like watching them play football.

Verbs of hearing, seeing, etc. (regarder, voir, entendre, sentir, etc.) require no preposition before the infinitive.

espérer and the infinitive

J'espère pouvoir lire votre nom en tête d'affiche.
I hope to be able to read your name at the top of the bill.

J'espère étudier la danse.
I hope to study ballet.
but
J'espère que tu étudieras la danse.
I hope you will study ballet.

essayer de and the infinitive

Je vais essayer d'avoir le bac.	I am going to try to get the 'bac'.
Essayez d'être à l'heure.	Try to be punctual.

finir par with the infinitive and with a noun

> Il finit toujours par boire un café.
> He always ends by drinking a coffee.

> Il finit toujours par un café.
> He always ends with a coffee.

Exercices

Est-ce qu'il vient demain?
> Oui, il m'a dit qu'il viendrait demain

Est-ce qu'ils continuent leurs études après le bac?
> Oui, ils m'ont dit qu'ils les continueraient après le bac

Est-ce qu'il téléphone dans l'après-midi?
....

Est-ce qu'elle sort ce soir?
....

Est-ce qu'ils rentrent cette semaine?
....

Est-ce qu'il travaille dimanche?
....

Est-ce qu'elle revient bientôt?
....

Est-ce qu'ils changent de voiture ce mois-ci?
....

Est-ce qu'elles achètent une nouvelle robe pour la noce?
....

Est-ce qu'ils payent des impôts cette année?
....

Est-ce qu'elle vous aide?   Elle m'a dit qu'elle m'aiderait

Est-ce qu'ils vous téléphonent ce soir? ....
Est-ce qu'il vous écrit? ....
Est-ce qu'elles vous rendent visite? ....
Est-ce qu'il vous en envoie? ....
Est-ce qu'elle vous en vend? ....
Est-ce qu'ils vous en parlent? ....

3

Il joue au tennis   J'aime bien le regarder jouer au tennis

Le bébé s'amuse ....

Ma sœur peint ....

Les jeunes filles dansent ....

Elle pleure   Je n'aime pas l'entendre pleurer

Le concierge rouspète ....

Les portes grincent ....

Mon frère joue du violon ....

Les marches craquent ....

4

Il pense finir son travail rapidement?

Il pense le finir en trois jours

Elle compte partir bientôt?

Elle compte partir dans trois jours

Il pense réparer sa voiture rapidement?

....

Elle compte préparer ses examens en peu de temps?

....

Vous espérez revenir avant la fin de la semaine?

....

Il va prendre sa décision cette semaine?

....

Ils comptent terminer les peintures demain?

....

5

Il n'aime pas l'enseignement

Avec le temps il finira bien par l'aimer

Ils n'ont pas réussi au bac

....

Elle n'apprécie pas les livres

....

Il n'aime pas les films de Georges Dupont

....

Elle ne veut pas faire de la danse moderne

....

Ils ne vont pas dans les boîtes de nuit

....

Elles ne s'amusent pas au café

....

Elle ne veut pas terminer ses études

....

Notes sur la vie

e système scolaire français

Enseignement	Age	Etablissements	Diplômes	Professeurs
Premier degré	6–11 ans	Ecoles Primaires	Certificat d'études primaires	Instituteurs
Second degré	11–19 ans	C.E.S.1		Licenciés
		C.E.G.2		Agrégés
		C.E.T.3		Capésiens
		Lycées	Baccalauréat	
Supérieur	19 → sans limite	Universités	Licence	Agrégés
			C.A.P.E.S 4	Docteurs
			Agrégation 5	
			Doctorat 6	

1 C.E.S. : Collège d'Enseignement Secondaire
2 C.E.G. : Collège d'Enseignement Général
3 C.E.T. : . Collège d'Enseignement Technique
4 C.A.P.E.S. : Certificat d'Aptitude Pédagogique à l'Enseignement Secondaire:a teacher's diploma
5 Agrégation: Another teacher's diploma (higher than the C.A.P.E.S.—it is a competitive examination)
6 Doctorat: Doctorate

Le système français possède également des écoles spéciales, souvent appelées 'grandes écoles' qui forment leurs élèves (recrutés par un concours d'entrée très sévère), parallèlement à l'enseignement supérieur. Par exemple: l'Ecole Normale Supérieure (for higher teaching exams.), l'Ecole Polytechnique (for military and civilian engineers), l'Ecole Nationale d'Administration (for the higher civil service), etc.

L'école est obligatoire jusqu'à l'âge de seize ans. Le sport tient beaucoup moins de place dans les écoles françaises que dans les écoles anglaises.

En France, il y a deux choses: Paris, et autour un vaste désert mal connu et mal aimé: la province. S'il est vrai que tous les chemins mènent à Rome, il est encore plus vrai qu'en France, tout vient de Paris ou va à Paris. Le provincial a toujours l'impression d'être le parent pauvre, celui qui est laissé à l'écart de la richesse et de la vie culturelle de la capitale. Pour le Parisien, toute voiture qui n'est pas immatriculée 75 est à coup sûr conduite par un 'paysan'.

Pourtant, la province a bien des charmes et c'est sur ces charmes que Pelloche est allé interroger Armand Desjardins, prix littéraire en 1971, et sa femme qui habitent un petit village de province.

M. Pelloche	Armand Desjardins, pourquoi avez-vous choisi de vivre en province?
A. Desjardins	Oh, pour une multitude de raisons. D'abord, bien que j'aie vécu à Paris pendant plusieurs années, je suis d'origine provinciale et je n'ai jamais pu m'habituer à Paris. Est-ce que c'est parce que la province était toujours liée aux vacances et à la famille, alors que Paris, c'était les études et le travail? Peut-être, mais ce n'est certainement pas la seule raison.
M. Pelloche	Mais ne trouvez-vous pas, en tant qu'artiste, qu'il est difficile de rester à l'écart de la vie culturelle et artistique de la capitale? Parce qu'enfin, dans ce domaine, rien ne peut remplacer Paris.
A. Desjardins	Oui et non. Tenez, si je prends mon cas par exemple. J'étais absolument incapable d'écrire une seule ligne à Paris. Et dès que j'arrivais dans mon village, je sentais un besoin d'écrire irrésistible. Il me faut beaucoup de calme pour réfléchir et aussi la cité m'est oppressante. C'est curieux, quand je sens la nature ouverte autour de moi, je trouve tout de suite l'inspiration.
M. Pelloche	Je suis d'accord que cela peut vous faciliter la création, mais ne regrettez-vous pas les spectacles et tous les plaisirs de la capitale?
A. Desjardins	Là encore, je crois que les Parisiens se font une idée fausse de la province. Ce n'est pas le désert culturel que l'on dit. Ici, j'ai une Maison de la Culture à vingt minutes de voiture et je vous jure que les spectacles n'ont rien à envier à ceux de la capitale. Il y a de nombreux cinémas qui passent tous les films récents et bien moins cher qu'à Paris. Parce qu'à Paris, dites donc, sortir devient un luxe!
M. Pelloche	Vous allez souvent à Paris?
A. Desjardins	C'est ce que j'allais vous dire. Il y a toujours la possibilité d'aller voir, mettons, une exposition ou un gala exceptionnel à Paris. C'est à deux heures de train de la ville la plus proche, alors il n'y a vraiment pas de raison de s'en priver. Personnellement, je vais à Paris un week-end tous les quinze jours.
M. Pelloche	Et vous n'avez pas envie de rester parfois?
A. Desjardins	Ma foi, non! Je suis toujours content de retrouver mon petit village. D'ailleurs, il n'y a que comme ça que l'on profite vraiment de Paris: quand on n'y vit pas et que l'on y va spécialement pour s'amuser ou pour voir des choses intéressantes. Vous savez, les

Parisiens, ils ne profitent pas de leur ville. Tout ce qu'ils en ont, ce sont les inconvénients.

M. Pelloche Qu'est-ce qui vous déplaît surtout à Paris ou si vous préférez, qu'est-ce qui vous attire dans la province, dans ce village?

A. Desjardins Vous me posez là une question qui va nous entraîner bien loin, car les raisons sont multiples. D'abord, ce qui me tue à Paris, c'est le bruit. Il n'y a plus moyen de se promener sur les quais tranquillement, on se croirait aux 24 heures du Mans. Les voitures finiront par tuer Paris. Et puis en plus du bruit, il y a l'odeur. Quand j'étais enfant, j'adorais l'odeur du métro et de l'essence, mais mes années d'étudiant m'en ont dégoûté à tout jamais.

M. Pelloche Mais, si vous avez le bon air ici, vous ne trouvez pas la solitude pesante?

A. Desjardins La solitude? Mais où est-on plus seul que dans une grande ville? Si jamais vous avez l'impression d'être une fourmi, c'est bien à Paris! Moi, ici, quand je descends chercher mon pain, je dis bonjour et je parle à une bonne dizaine de personnes. Dans un petit village comme le mien, on a vraiment le sens d'appartenir à une communauté.

M. Pelloche Alors Madame Desjardins, que pensez-vous de tout ça?

Mme Desjardins Je ne suis pas tout à fait d'accord avec mon mari. Par exemple, pour faire les courses, c'est très difficile. Un petit village, c'est bien gentil, mais l'ennui, c'est qu'il n'y a qu'une épicerie, et elle n'est pas très bien achalandée. De plus le boucher ne passe que tous les mercredis. Et puis, c'est si mort ici.

A. Desjardins Mais non, finalement on sort beaucoup.

Mme Desjardins Oui, mais ce sont toujours les mêmes gens qu'on voit. Ce n'est pas ça qui me fera oublier tous mes amis de Paris. Vous voyez, Monsieur Pelloche, j'ai toujours vécu dans un milieu artiste et ici je me sens un peu privée.

A. Desjardins Ah, évidement, tu n'as jamais pu t'habituer aux gens d'ici. Ils ne vous donnent pas du 'cher ami' long comme le bras. Seulement, quand vous les avez comme amis, là, c'est du solide et vous pouvez avoir confiance. Les Parisiens sont habitués à extérioriser leurs sentiments de façon exubérante, alors ici, ils sont déroutés. Les paysans sont très réservés, mais ils ont beaucoup de cœur. Et croyez-moi, ils ont vite fait de juger leur bonhomme.

M. Pelloche Pourquoi avez-vous choisi cette région, parce qu'après tout, la nature n'a rien d'extraordinaire ici?

A. Desjardins Non, mais j'aime bien cette douceur du paysage. Ici, il y a des plaines, des collines, des rivières, des forêts. Ça n'est pas grandiose mais c'est reposant. Et puis il y a les animaux. Je me souviens, un soir, une chouette dont j'imitais le cri m'avait suivi. Elle m'a accompagné d'arbre en arbre jusqu'à la limite du village. Et puis elle s'est arrêtée, effrayée par les maisons. Essayez donc un peu d'en faire autant à Paris!

Mots et expressions

le parent pauvre	the poor relation
immatriculée 75	With 75 on its registration plate. (Each **département**—and Paris is considered one—has a number which is given to all cars registered there. '75' is the Paris number. This number is also used in addresses.)
à coup sûr	without doubt
en tant qu'artiste	as an artist
Là encore, je crois que les Parisiens se font une idée fausse de la province	There again, I think Parisians have a false idea of the provinces.
une Maison de la Culture	Cultural centre, financed partly by the state, partly by the town itself. The Centre usually includes a theatre, reading rooms, sometimes a library, a restaurant and a bar.
et je vous jure que les spectacles n'ont rien à envier à ceux de la capitale	and I can assure you that entertainments compare well with those of the capital.
qui passent tous les films récents	which show all the recent films
mettons	let's say
Tout ce qu'ils en ont, ce sont les inconvénients	The only things they get out of it are the inconveniences.
on se croirait aux 24 heures du Mans	you'd think you were at the Le Mans Car Race.
en plus du bruit	as well as the noise
à tout jamais	forever
mais l'ennui, c'est . . .	but the annoying thing is . . .
finalement on sort beaucoup	after all we do go out a lot
Ils ne vous donnent pas du 'cher ami' long comme le bras	They don't make a great show of their friendship. (They don't wear their heart on their sleeve.)
quand vous les avez comme amis, là, c'est du solide et vous pouvez avoir confiance	when they're your friends it's a solid friendship and you can rely on it.
ils ont vite fait de juger leur bonhomme	it doesn't take them long to size up their man
d'arbre en arbre	from tree to tree
Essayez donc un peu d'en faire autant à Paris!	Just try doing the same thing in Paris!

Notes sur la langue

1 Verbs

Note the following constructions:

profiter de

> Vous savez, les Parisiens, ils ne profitent pas de leur ville
> You know, Parisians don't make the most of their town

> Il faut profiter des bonnes occasions
> One must take advantage of good opportunities

se priver de

> Il ne faut pas se priver des plaisirs de Paris
> One must not deprive oneself of the pleasures of Paris

> Il n'y a pas de raison de s'en priver
> There is no reason to deprive oneself of it

2 Tout

Note the difference between:

toutes les voitures	all cars
toute voiture	every car
toute l'école	the whole school
toute école	every school
tout le village	the whole village
tout village	every village

> Tout étudiant qui n'a pas encore payé ses droits d'inscription est prié de le faire instamment
> Any student who has not yet paid his enrolment fees is required to do so at once.

3 Expressions of time (2) (See also Lesson 9)

Note the following expressions of time and distance:

> J'ai une Maison de la Culture à vingt minutes de voiture
> The Institute of Culture is twenty minutes away by car from me

> C'est à deux heures de train
> It takes two hours by train

Similarly:

> à une heure d'avion
> à une demi-journée de marche
> à une semaine de bateau

Exercices

1   Vous allez vous promener sur les quais ?   Non, il n'y a plus moyen de s'y promener

Vous buvez du vin ? ....

Vous sortez beaucoup ? ....

On mange bien en province ? ....

On s'amuse bien à Paris ? ....

Vous vivez à la campagne ? ....

Avez-vous des œufs frais ? ....

2   Le train met deux heures entre Paris et Le Mans

Le Mans est à deux heures de train de Paris

Pour aller du Mans au village l'autocar met cinquante minutes

....

En voiture on met un quart d'heure de la gare au centre de Pastourelles

....

Je mets vingt minutes pour aller en bicyclette de chez moi au lycée

....

L'avion fait Paris–New York en huit heures

....

Le bateau met trois heures trois quarts entre Dieppe et Newhaven

....

3   Je dois avoir le bac   Il faut que j'aie le bac

Je dois aller à Paris ....

Nous devons venir le matin ....

Vous devez faire vos courses ....

Ils doivent savoir toutes les réponses ....

Elles doivent pouvoir se reposer ....

Je dois prévenir mes amis ....

4   Je ne suis jamais allé en Auvergne,

mais j'aimerais bien y aller un jour

Je n'ai jamais bu de champagne,

....

Nous n'avons jamais mangé de cœurs de palmiers.

....

Il n'a jamais appris l'anglais,

....

Elle n'est jamais allée aux sports d'hiver,

....

Elle n'a jamais eu de voiture de sport,

....

Nous n'avons jamais visité les Châteaux de la Loire,

....

Notes sur la vie

es prix littéraires

Il y a beaucoup de prix littéraires en France. Un des plus connus est le Prix Goncourt, décerné par un jury formé de personnalités du monde des arts et lettres. Il récompense la meilleure œuvre d'imagination en prose. Les autres prix les plus célèbres sont le Prix Femina—décerné par un groupe de femmes de lettres—et le Prix Renaudot donné à un auteur de romans ou de nouvelles.

17   *Cap sur Marseille*

Les vacances sont arrivées. Annie Ducros et Marc Gallant ont décidé de partir ensemble visiter la France. Mais ils ont essayé de trouver une façon de voyager qui puisse leur fournir en rentrant un bon sujet d'article. Alors, après s'être bien creusé la tête, ils ont décidé de traverser la France par les canaux.

Ils vont tenter de descendre du Havre à Marseille sur l'eau. Il faut dire que c'est une des façons les plus originales et les plus agréables de parcourir le pays. Les villes et les campagnes, vues de l'eau, prennent un relief étonnant et l'isolement des rivières rend ce genre de vacances un modèle de calme et de repos.

Suivons donc nos deux amis au cours des péripéties les plus marquantes de leur odyssée.

M. Gallant	Ah, ma chère Annie, n'est-ce pas ça la vraie vie, les vraies vacances, le calme et le repos! Ecoutez la paix de la nature et le doux ronronnement de notre navire! *(Le moteur cafouille)* Hélà, qu'est-ce qui se passe! Ça fait un drôle de bruit dans le moteur. *(Le moteur repart)* Ah, j'aime mieux ça! Surtout, moi qui ne connais rien à la mécanique. Enfin, inutile de s'inquiéter puisque tout semble remarcher!... Alors, Annie, contente?—la vie est belle?
A. Ducros	Oui, jusqu'ici c'est formidable. C'est beau, cette nature et ces rivières, ce calme, cette propreté: je me sens revivre. Quand je pense à tous ces malheureux automobilistes, les uns derrière les autres, respirant les gaz d'essence!
M. Gallant	Sans compter les crevaisons! Ça, en bateau, on ne risque rien, il n'y a pas à se salir les mains— *(le moteur recafouille)* Allons bon! Voilà que ça recommence. Ah, j'espère que ça ne va pas tomber en panne tout de même! *(Ça va de plus en plus mal)* Aïe, aïe, aïe, Annie, si vous connaissez une prière pour guérir les moteurs, dites-la vite! *(Le moteur s'arrête)* Ah, zut, trop tard.
A. Ducros	Eh bien, nous voilà frais. Marc, qu'est-ce qu'on va faire?
M. Gallant	Pas de panique! Les femmes et les enfants d'abord! Mon devoir de capitaine m'ordonne de rester sur mon navire pour faire face, avec courage et détermination, à la situation présente!
A. Ducros	C'est bien dit, mais ce n'est pas ça qui fait remarcher le moteur! Essayez de réparer ou faites signe aux gens sur la route.
M. Gallant	Mais, ce sont des automobilistes!
A. Ducros	Oui, mais les automobilistes, ils savent parfois réparer un moteur, eux!
M. Gallant	Je vois là comme une attaque! Enfin, buvons le calice jusqu'à la lie. Lançons un S.O.S. Tenez, agitez ma chemise au bout de cette perche. Ohé, de la rive, à l'aide!
A. Ducros	Ah, voilà, une barque vient vers nous. Nous sommes sauvés!
Un monsieur	Alors, M'sieurs Dames, vous avez des ennuis?
A. Ducros	Ah, Monsieur, vous êtes notre sauveur. Notre moteur s'est arrêté. Pouvez-vous nous aider?
Un monsieur	Vous avez de la chance, je travaille dans un garage. Les moteurs, c'est ma spécialité.
A. Ducros	Voilà, je crois que le moteur est là! C'est grave?
Un monsieur	Donnez un coup de démarreur pour voir! *(Bruit du démarreur)* Ah, je vois ce que c'est! Passez-moi le tournevis. C'est une saleté dans le carburateur. Attendez...*(Bruit de souffle)* voilà. Ça doit marcher. Essayez. *(Bruit du moteur)* Et voilà. Ce n'est pas compliqué, la mécanique.
M. Gallant	Hem... oui, enfin, merci beaucoup Monsieur, au plaisir!
A. Ducros	Ouf, nous voilà repartis. Tiens, voici la première écluse! Oh, c'est formidable—je sens qu'on va passer des vacances magnifiques!
M. Gallant	Bonjour, Monsieur l'éclusier, merci d'avoir ouvert les portes. Beau temps, n'est-ce pas! Tiens, pourquoi il n'ouvre pas l'autre porte? Hé!

Il referme la première derrière nous! Oh, vous nous emprisonnez ou quoi?

L'éclusier   Non, mais il est midi, et aujourd'hui à midi tous les éclusiers se mettent en grève! Je vous ai ouvert l'autre porte parce qu'on était avant midi, mais maintenant c'est terminé.

M. Gallant   Et, vous la finissez quand, votre grève?

L'éclusier   Dans quinze jours à la même heure!

M. Gallant   Ah, là, là. Qu'est-ce qu'on va faire! Bon, eh bien, je vais l'ouvrir moi-même, cette porte. Quelle vie! Ça n'est pas si merveilleux que ça, la navigation.

M. Gallant   Ma chère Annie, le début du voyage a été difficile, mais maintenant tout semble bien marcher. Pourvu que ça dure! Vous voulez tenir la barre, moi je vais aller voir à l'arrière. A tout de suite.

A. Ducros   A tout de suite. . . . Oh, Marc, Marc, attention, j'ai tendu des fils de nylon pour empêcher le matelas pneumatique de s'envoler. *(Plouf)* Marc? Ben, où est-il? Oh, mon Dieu! Marc est à l'eau! Attendez, courage, j'arrive. *(Elle arrête le moteur)*

M. Gallant   Au secours, au secours, à moi, Annie, la bouée, vite. *(Il remonte à bord)* Ah, mon Dieu, je reviens de loin! Quelle aventure! Brr, j'ai l'impression d'avoir attrapé froid. Décidément, la marine réserve bien des surprises.

A. Ducros   Mon pauvre Marc, j'ai l'impression que nous ne sommes pas faits pour la navigation. L'automobile, ce n'est pas si mal après tout. Que voulez-vous, il faut se faire une raison, on est vraiment des marins d'eau douce!

M. Gallant   Peut-être, mais malgré l'adversité, ma détermination restera inébranlable. Moussaillon, cap sur Marseille!

Ces malheureux automobolistes

Mots et expressions

Cap sur Marseille	Set course for Marseilles
après s'être bien creusé la tête	after having racked their brains
les campagnes	the countryside. Notice that it can be plural in French.
Ça fait un drôle de bruit	It's making a funny noise. (**Il fait un drôle de temps:** It's funny sort of weather.)
les gaz d'essence	petrol fumes
Sans compter les crevaisons!	Not to mention the punctures
il n'y a pas à se salir les mains	you don't have to dirty your hands. (**Il n'y a pas à s'inquiéter:** You don't have to worry.)
Eh bien nous voilà frais	Well, we've had it
Je vois là comme une attaque!	That looks suspiciously like an insult to me!
buvons le calice jusqu'à la lie	let's drink the cup (of shame) right to the dregs
Donnez un coup de démarreur	Start it up.
C'est une saleté dans le carburateur	It's a bit of dirt in the carburettor
tous les éclusiers se mettent en grève	all the lock-keepers go on strike
Ça n'est pas si merveilleux que ça	It's not as marvellous as all that
Pourvu que ça dure!	Let's hope it lasts!
Marc est à l'eau	Marc's in the water
je reviens de loin!	I had a narrow escape,—I was at death's door!
il faut se faire une raison	you've got to face it
on est vraiment des marins d'eau douce	we're really landlubbers.

Notes sur la langue

1   The subjunctive

The subjunctive is used after the relative **qui** (or **que**) when the part of the sentence following **qui** or **que** is really essential to the understanding of the main part of the sentence. For example

Ils cherchent un mécanicien qui soit capable de réparer le moteur
They are looking for a mechanic who might be capable of fixing the engine (not *any* mechanic)

Ils ont essayé de trouver une façon de voyager qui puisse leur fournir un bon sujet d'article
They tried to find a method of travelling which might provide them with a good subject for an article

The subjunctive is also used after superlatives, indefinites or negatives,—again because what comes after the relative is necessary to the completion of the sentence

> C'est le plus beau modèle que je connaisse
> C'est le seul qui ait dit la vérité

Verbs

décider de

> Ils ont décidé de partir ensemble
> They decided to leave together
> *but*
> Ils ont décidé qu'Annie partirait seule
> They decided that Annie would leave on her own.

empêcher de

> J'ai tendu des fils de nylon pour empêcher le matelas pneumatique de s'envoler
> I have put some nylon thread across to prevent the air mattress from flying away
>
> J'ai fait ça pour l'empêcher de s'envoler
> I did that to stop it flying away

The possessives

The possessive is often omitted in French if it is obvious who the possessor is. The definite article is used instead

> Elle ouvre les yeux
> Il met les mains dans les poches
> Il lève le bras

If the possessor is also the subject of the sentence the reflexive pronoun can be used—again instead of the possessive adjective— to show possession.

> Il se brosse les dents.
> Après s'être bien creusé la tête, ils ont décidé de traverser la France par les canaux.

If the possessor is not the subject of the sentence then the indirect object pronoun can show possession.

> Elle lui a sauvé la vie   She saved his life
> Il leur a réparé la voiture   He fixed their car

Notice also

> Elle leur a sauvé la vie   She saved their lives

In French it is **la vie** because each person can only have one life.

4 Après

Après followed by **avoir** or **être** (depending on the auxiliary the verb takes) and the past participle of the verb, means 'after having . . .':

Après s'être bien creusé la tête
Après avoir remercié l'éclusier, ils sont partis.

Exercices

1

Ce vin est vraiment bon;	J'en ai rarement bu d'aussi bon: c'est même le meilleur que j'aie jamais bu
Ce châteaubriant est mauvais	
Cet article est intéressant	
Ce tableau est remarquable	
Cette promenade est pittoresque	
Ces vacances sont ennuyeuses	
Cette musique est belle	
Cette voiture est maniable	

(handwritten answers, largely illegible)

2

Ils vont en Tunisie, puis au Maroc
    Après être allés en Tunisie, ils iront au Maroc

Les belles-sœurs se disputent, puis elles se réconcilient
    Après s'être disputées, les belles-sœurs se réconcilieront

Il voit la cathédrale, et ensuite le musée
    Après avoir vu la cathédrale il verra le musée

Marc passe l'écluse, puis il tombe à l'eau
    après avoir passé l'écluse Marc tombera à l'eau

Le pêcheur répare la voiture, puis il s'en va
    après avoir réparé la voiture le pêcheur s'en ira

L'éclusier sort de chez lui et ouvre les portes
    après être sorti de chez lui il ouvrira les portes

Elle part pour quinze jours et ensuite elle déménage
    Après être partie pour quinze jours elle déménagera

Il parcourt les canaux, puis il se repose à la campagne
    Après avoir parcouru les canaux il se reposera à la c...

3

Je ne comprends rien à la mécanique	Je n'y comprends rien
Nous ne connaissons rien à la navigation	
L'éclusier ne tient pas à travailler le soir	
Nous ne nous intéressons pas aux canaux	
Marc ne réussit pas à réparer le moteur	
Annie n'arrive pas à naviguer correctement	

Notes sur la vie

es voies navigables de France

Il y a en France 9000 kilomètres de voies navigables: 5000 kilomètres de rivières et 4000 kilomètres de canaux. Ceux-ci forment un réseau serré, surtout au nord d'une ligne Lyon-le Havre.

Certains canaux constituent d'admirables itinéraires pour visiter le pays: le canal du Midi, le canal de Bourgogne, etc. C'est une des façons les plus agréables et les plus originales de voyager en France. Pour descendre du Havre à Marseille, on suit la Seine, puis des canaux, puis le Rhône, parcourant ainsi les plus belles régions de France.

LES VOIES NAVIGABLES DE FRANCE

Les principaux canaux

18 *Un magasin révolutionnaire*

Toutes les ménagères piaffent d'impatience. Ce matin à dix heures précises s'ouvre un nouveau supermarché dans le centre de Paris. Son nom 'Prix-choc' dit bien ce qu'il veut dire. Il se propose d'éliminer tous ses concurrents en moins de deux ans. Pour cela, les grands moyens ont été employés: parking souterrain de deux mille places, emploi intensif de l'électronique, rabais énormes sur les prix. Une campagne de publicité monstre a depuis plusieurs mois présenté cette ouverture comme l'événement de l'année: 'un nouvel art du shopping à 'Prix-choc', 'les femmes vraiment femmes font leur shopping à 'Prix-choc,' etc. etc.

Louise de Hautevolée a voulu voir un peu ce magasin si révolution-naire et, le jour de l'ouverture, elle est allée interroger le gérant.

Mlle Louise	Monsieur, pouvez-vous essayer de me décrire la journée d'une de vos clientes. J'arrive et je gare ma voiture?
Le gérant	Non, c'est dépassé tout ça! Vous arrivez à l'entrée du parking et vous descendez de votre voiture. Là, on vous donne une carte perforée qui vous servira d'identification dans notre magasin. Votre voiture est garée automatiquement grâce à un convoyeur électronique et elle vous est rendue de même au moment de votre départ.
Mlle Louise	Merveilleux. Alors, ensuite, j'arrive dans le magasin et je prends un chariot à provisions, j'imagine.
Le gérant	Oui, mais alors là, une surprise. Nous avons abandonné ces vieux chariots qui grincent et qui ne veulent jamais aller dans la direction que l'on veut. Les nôtres sont faits sur le principe du hovercraft: ils se déplacent sur un coussin d'air et changent de direction sur la simple pression d'un bouton. Donc, nos clientes n'ont aucun effort à faire.
Mlle Louise	Qu'est-ce qu'on ne fait pas avec la technique moderne! Mais je suppose qu'on se promène dans les rayons et qu'on prend ce qu'on veut?
Le gérant	Oui et non. Il y a deux formules: la formule 'A' pour les gens pressés. Vous mettez votre carte dans une machine puis vous appuyez sur les boutons correspondant aux marques des produits désirés. Ceux-ci arrivent alors automatiquement dans votre chariot par l'intermédiaire d'un tapis roulant.
Mlle Louise	Et la formule 'B'?
Le gérant	La formule 'B' est pour les gens qui ne sont pas pressés. Ceux-ci peuvent parcourir les rayons mais il y a une innovation: vous n'avez pas à prendre les produits vous-même. Vous appuyez sur un bouton et un éjecteur automatique dépose doucement la marchandise désirée dans votre chariot. Là encore, aucun effort!

Mlle Louise	C'est en effet une façon reposante de faire ses achats.
Le gérant	Mais nous avons tout prévu. Chaque rayon repose sur un système hydraulique. A chaque fois que vous retirez une unité du rayon le poids varie. Chaque variation de poids est enregistrée par notre calculatrice électronique. Nous avons donc ainsi pour chaque rayon et pour chaque produit un état automatique du stock. D'autre part nous pouvons vérifier immédiatement si le chiffre d'affaires réalisé dans la journée correspond bien à la baisse enregistrée dans le stock.
Mlle Louise	Justement, passons au paiement. Comment avez-vous résolu le problème?
Le gérant	Mais, c'est très simple! Toutes nos marchandises ont une empreinte magnétique qui varie selon le prix. Quand vous passez à la caisse, vous présentez votre chariot à un lecteur électronique qui en une seconde totalise votre addition sans risque d'erreur. Vous déposez alors l'argent dans un emplacement spécial. Soit la somme est exacte et une barrière s'ouvre, soit la machine vous rend la monnaie et vous libère.
Mlle Louise	Et si l'on paie par chèque?
Le gérant	Notre machine possède un analyseur de chèques qui est en relation permanente avec tous les ordinateurs des banques françaises. Il nous est ainsi possible de savoir immédiatement si le chèque est approvisionné ou non. Si le chèque est sans provision, la machine alerte aussitôt l'un des cinquante inspecteurs qui patrouillent dans le magasin. Celui-ci vous conduit alors au tribunal le plus proche pour recevoir un jugement rapide.
Mlle Louise	Eh bien, dites donc, vous pensez à tout!
Le gérant	Ce n'est pas nous, Mademoiselle, c'est la société américaine qui contrôle notre magasin qui a pu, grâce aux études les plus récentes, réaliser ce chef d'œuvre de la technique et de la civilisation modernes.
Mlle Louise	Mais comment votre machine peut-elle savoir si l'on met des vrais billets dans la caisse?
Le gérant	Notre machine possède un analyseur de billets de banque unique au monde. Si un faux billet est présenté à nos caisses, une cage de fer sort du sol et entoure immédiatement le coupable en attendant l'arrivée de la police.
Mlle Louise	Vous ne laissez vraiment rien au hasard!
Le gérant	Nous ne pouvons rien laisser au hasard, Mademoiselle, nos marges bénéficiaires sont trop réduites. Quand nous aurons éliminé nos concurrents et que nous pourrons pratiquer les prix que nous voulons, alors peut-être les choses changeront!
Mlle Louise	Mais si je comprends bien, vous n'avez pas de personnel dans le magasin.
Le gérant	Non, Mademoiselle, nous faisons entièrement confiance à la machine. Le personnel n'a pas une efficacité de cent pour cent et il se met en grève. La machine jamais!
Mlle Louise	Oui, eh bien, moi, voyez-vous, je préfère quand même mon petit épicier du coin. Au revoir, Monsieur . . . et je vous souhaite de ne pas avoir trop de pannes d'électricité!

Le petit épicier du coin !

Mots et expressions

outes les ménagères piaffent d'impatience	All the housewives are champing at the bit.
Son nom 'Prix-choc' dit bien ce qu'il veut dire	Its name, 'Shock Price' says clearly what it's all about.
les grands moyens ont été employés	All the stops have been pulled out.
rabais énormes sur les prix	drastic price cuts
c'est dépassé tout ça !	that's all out of date !
un chariot à provisions	a trolley
Qu'est-ce qu'on ne fait pas avec la technique moderne !	There's no limit to what you can do with modern technology.
. . . on se promène dans les rayons	one walks among the shelves
un tapis roulant	a conveyor belt
un état automatique du stock	an automatic assessment of the stock. (**Etat de compte**: statement of account.)
qui est en relation permanente . . .	. . . which is permanently connected . . .
approvisionné	covered (of cheques)
nos marges bénéficiaires sont trop réduites	our profit margins are too narrow
nous faisons entièrement confiance à la machine	we rely entirely on the machine.

Notes sur la langue

1 Verbs

Note the following constructions

servir de and a noun, to serve as . . .

Cette carte vous servira d'identification.
This card will serve as a means of identification for you.

La carte d'identité sert de passeport dans certains cas.
One's identity card serves as a passport in some cases.

Ce sac en toile me servira de valise.
I'll use this canvas bag as a suitcase.

servir à and the infinitive

Cette carte servira à vous identifier.
The purpose of this card is to identify you.

Ce lecteur électronique sert à totaliser l'addition.
This electronic reader is used to add up the total bill.

A quoi ça sert?
What is that for?

Ça sert à vous rendre la monnaie
It's for giving you your change.

se servir de + noun

Je me sers de ce sac en toile comme valise.
I'm using this canvas bag as a suitcase.

Nous nous servons abondamment de machines dans notre supermarché.
We use machines a lot in our supermarket.

Elle ne se sert pas de sa voiture pour aller faire ses courses?
Doesn't she use her car to go shopping?

se proposer de + infinitive

Il se propose d'éliminer tous ses concurrents.
He intends to eliminate all his competitors.

Je me propose de remplacer tous les employés par des machines électroniques.
I intend to replace all my employees with electronic machines.

2 Soit

This form of the subjunctive of **être** is used

(1) by itself, as an affirmative answer but given with certain reservations

Veux-tu aller au cinéma?—Soit, mais je dois être rentré à 11 heures.
Do you want to come to the pictures?—All right, but I must be back at 11.

(2) in pairs, to introduce each of two alternatives:

Soit la somme est exacte et une barrière s'ouvre, soit la machine vous rend la monnaie et vous libère.

Either the sum is exact, and a barrier opens, or the machine gives you your change and frees you.

(3) as a part of:

Ainsi soit-il   'Amen', so be it.

3 Nouns used as adjectives

Nouns may occasionally be used to describe another noun. This often happens in the language of advertising. Here are a few examples:

prix-choc	shock price
vente réclame	special offer
articles plein air	sports and camping goods
une campagne de publicité monstre	a mammoth advertising campaign

Exercices

On vous donne une carte perforée
    Une carte perforée vous est donnée

On gare votre voiture automatiquement

On met la carte dans la machine

On vérifie le chiffre d'affaires tous les jours

On dépose l'argent dans un emplacement spécial

On vous rend la monnaie immédiatement

Une calculatrice électronique enregistre chaque variation
    Chaque variation est enregistrée par une calculatrice électronique

Un convoyeur automatique gare votre voiture

Un lecteur totalise votre addition

Un ordinateur tient un état permanent du stock

Une société americaine contrôle le magasin

Un cage de fer entoure immédiatement le coupable

2   Nos marchandises ont une empreinte magnétique. Elle varie selon le prix.
     Nos marchandises ont une empreinte magnétique qui varie selon le prix.

On vous donne une carte perforée. Elle vous servira d'identification.
....

J'ai acheté une voiture. J'en suis très content.
....

Nous avons un analyseur de chèques. Il est en relation avec les banques.
....

J'ai rencontré un écrivain. J'avais lu son livre.
....

J'ai discuté avec un philosophe. J'ai beaucoup apprécié sa modestie.
....

J'ai acheté une voiture. Je l'ai revendue un mois après.
....

Je suis resté deux jours sans boire. C'était pénible.
....

Nous avons mangé des escargots. Nous ne le referons jamais.
....

Je suis retourné au village. Ça m'a rappelé ma jeunesse.
....

3   Nos clientes font leur shopping sans difficulté
     Nos clientes n'ont aucune difficulté à faire leur shopping

Notre machine fait l'addition sans problème
....

Notre convoyeur gare votre voiture sans peine
....

Nos clients chargent leurs provisions sans mal
....

.Nos inspecteurs arrêtent les voleurs sans remords
....

Notre magasin utilise cette formule sans désavantage
....

19 | *La tournée des caves*

L'Objectif poursuit depuis plusieurs semaines une grande enquête sur les vins de France. Le personnel du journal, très intéressé par la question, s'est démocratiquement divisé le travail. Aujourd'hui, c'est au tour de Madame Becque et de Pelloche d'aller essayer les vins de la vallée de la Loire. Comme les vins sont nombreux, toute la journée sera certainement nécessaire pour se faire une opinion.

Nos deux compères ont pris rendez-vous avec M. Pichetogorne, négociant en vins dans un petit village près de Chinon. Dès l'aurore, ils se sont mis en chemin, et les voici arrivés chez M. Pichetogorne qui les invite à prendre une tasse de café sur le pouce.

M. Pichetogorne	Un petit café, comme ça, le matin, avant d'aller aux caves, rien de tel pour vous mettre d'aplomb.
M. Pelloche	Oui, je dois dire que ça m'a fait du bien. J'avais du mal à ouvrir les yeux, mais maintenant je me sens en pleine forme. Je me sens prêt à avaler la mer et ses poissons.
M. Pichetogorne	Parfait! Bon, vous allez bien prendre un petit calvados avec ça. Vous savez, il ne fait pas chaud dans les caves et puis, on a bien 300 mètres à marcher, l'air est frais. Allez, un petit calva, ça vous réchauffera.
Mme Becque	Oh là, là, ça commence très fort! J'ai l'impression qu'on ne va pas sortir très jolis de l'aventure. Ce serait peut être plus prudent de ne pas mélanger les alcools et les vins, vous ne croyez pas Pelloche!
M. Pelloche	Allez, au diable l'avarice! Aujourd'hui, on est parti pour boire. Alors, buvons. A la bonne vôtre, Monsieur Pichetogorne . . . Hmmm . . . il est fameux, votre calvados!
M. Pichetogorne	Ah celui-là, c'est du vieux. Du 1938. Ça fait quelques années de fût, ça hein! D'ailleurs vous voyez, il est brun comme du rhum, alors que le calvados qui vient d'être fait est complètement blanc. Encore un petit coup?
M. Pelloche	Eh ma foi! Volontiers! Je dois dire que j'en ai rarement bu d'aussi bon!
Mme Becque	Vous m'avez l'air en grande forme aujourd'hui, Pelloche! Mais vous n'avez pas peur de vous sentir un peu curieux vers la fin de l'après-midi si vous continuez à ce train-là?
M. Pelloche	Moi. Oh! Pensez-vous. Je tiens l'alcool comme pas deux! Ça, vous pouvez me faire confiance. Bon, alors, on y va à ces caves! Le travail nous attend, Monsieur Pichetogorne.
M. Pichetogorne	Eh bien allons-y! Oh, il vaut mieux garder votre manteau et votre chapeau. Il fait bon ici mais là bas, ce n'est pas la même température. Bon, allez, en avant.

M. Pichetogorne	Ah, nous voilà arrivés. Attendez que j'ouvre le cadenas. Voilà. Tenez, entrez.
Mme Becque	Ouu! Il fait plutôt frisquet là-dedans. Vous avez eu raison de nous avertir. Il y a de quoi être transformé en glaçon.
M. Pichetogorne	Oui, en effet. Voilà. J'ai préparé pour vous une sélection des meilleurs vins de la région, blancs, rosés et rouges. J'ai aussi fait quelques sandwiches car vous voulez peut-être goûter les vins avec un peu de nourriture.
Mme Becque	Oh, c'est merveilleux! Vous nous gâtez vraiment. Si jamais nous avons des amateurs de vins, nous vous les enverrons. Pelloche, je goûte les blancs et les rosés, vous goûtez les rouges. D'accord?
M. Pelloche	Pas question, moi je veux tout goûter. J'aime bien les rouges, mais dans la circonstance, ma conscience professionnelle m'oblige à goûter tous les vins jusqu'au dernier! Même si je dois y rendre l'âme!
Mme Becque	Ça ne m'a pas l'air très prudent. Vous savez, le mélange des vins, ça ne réussit à personne en général. Enfin, vous êtes assez grand pour savoir ce que vous faites! Bien, Monsieur Pichetogorne, nous sommes à vous.
M. Pichetogorne	Commençons par un petit Bourgueil: un très bon vin rouge qui va presque avec tous les plats de viande et le gibier. C'est un des meilleurs vins de la région. Qu'est-ce que vous en dites?
M. Pelloche	Délicieux! C'est curieux. Il y a comme un goût de framboise! C'est normal?

M. Pichetogorne	Mais oui, le Bourgueil a souvent ce goût. Maintenant essayez donc le Chinon. C'est assez différent. On l'utilise souvent dans les coq au vin; vous savez, 'le coq au chinon'.
Mme Becque	Oui, c'est très bon aussi. C'est assez léger. Ça doit être délicieux avec les fromages.
M. Pichetogorne	Oui, et pourtant, il y en a qui préfèrent un rosé avec les fromages. Par exemple un rosé de Cabernet. C'est un vin mi-doux, qui peut aussi aller avec certains poissons. Goûtez.

M. Pelloche	Pas mauvais. Mais je préfère le blanc au rosé dans l'ensemble. Vous avez des vins blancs par ici?
M. Pichetogorne	Mais oui, tenez, voilà un verre de Montlouis et un verre de Vouvray. Est-ce que vous trouvez une différence?
M. Pelloche	A peine, c'est difficile à dire. Vous savez, on a déjà tellement bu, que je ne sens plus grand' chose.
Mme Becque	Ça va Pelloche, vous m'avez l'air un peu pâle. J'ai l'impression que vous n'êtes pas tout à fait dans votre assiette. Vous revoulez un peu de Bourgeuil pour vous remettre?
M. Pelloche	Aaah . . . ça va mal. Aaah, je ne sais pas ce que j'ai alors. Ce que ça peut ~~de Bourgueil pour vous remettre?~~ sentir le vin ici!
Mme Becque	Hé, dans une cave, c'est normal. Voilà ce que c'est, quand on a les yeux plus grands que le ventre. Vous me copierez dix fois 'la gourmandise est un vilain défaut'. Allez, on s'en va, garnement. Au revoir, M. Pichetogorne et merci mille fois. C'était délicieux, n'est-ce pas Pelloche?
M. Pelloche	Aaah . . . .

Mots et expressions

La tournée des caves	tour of the wine cellars
s'est démocratiquement divisé le travail	have democratically divided the work up among themselves
c'est au tour de . . .	it's the turn of . . .
pour se faire une opinion	to form an opinion
prendre rendez-vous avec . . .	to make an appointment with
une tasse de café sur le pouce	lit. on the thumb. A quick coffee drunk without sitting down. (**Prenons un verre sur le pouce** let's have a quick drink).
rien de tel pour vous mettre d'aplomb	there's nothing like it for setting you up.
je me sens prêt à avaler la mer et ses poissons	I could drink buckets. I feel ready to swallow lit. the sea and its fish.
un petit calvados (or calva)	**Calvados** is a very strong brandy made from apples.
ça commence très fort	it's off to a good start
J'ai l'impression qu'on ne va pas sortir très jolis de l'aventure	I don't think we're going to come out of this unscathed.
au diable l'avarice	to the devil with stinginess,—there's no point in doing things by half measures.
A la bonne vôtre	Your very good health.
c'est du vieux	it's an old one
Ça fait quelques années de fût	It's been in the barrel for a good number of years.

un peu curieux	here 'a bit queer'
à ce train-là	at this rate
Pensez-vous	nonsense
Je tiens l'alcool comme pas deux!	I can hold my drink! (lit. better than two people can.)
Ça, vous pouvez me faire confiance	You can rely on me for that
Il fait bon ici	It's nice and warm here.
Il y a de quoi être transformé en glaçon	it's enough to turn you into an icicle
Pas question	out of the question,—not on your life
dans la circonstance	in the circumstances
Même si je dois y rendre l'âme!	Even if it kills me!
ça ne réussit à personne	it doesn't agree with anybody, **les fraises, ça ne me réussit pas**; strawberries don't agree with me
Qu'est-ce que vous en dites?	What do you think of it?
Il y a comme un goût de framboise	It's almost as if there was a taste of raspberry
les coq au vin	**les** because **plats** (dishes) is understood
mi-doux	semi-sweet
vous m'avez l'air un peu pâle	you seem a bit pale to me
J'ai l'impression que vous n'êtes pas tout à fait dans votre assiette	I've the impression you're not feeling your usual self.
Ce que ça peut sentir le vin ici!	How it reeks of wine here!
Voilà ce que c'est	You see what happens

Notes sur la langue

1 Re-

Re- as a prefix with some verbs has the meaning of 'again', 'some more', 'back'

Vous en revoulez?	Do you want some more?
Oui, j'en reprends	Yes, I will have some more
Un peu de calvados vous remettra	A little calvados will set you up again
Il est revenu	He came back.

2 C'est du vieux

A more expressive way of saying **Ce vin est vieux** is **C'est du vieux**. Here the adjective (**vieux**) signifies the abstract quality of the thing, and does not agree with the noun. Compare:

Ces fauteuils sont très confortables
C'est du confortable

Les films de Georges Dupont sont très sérieux
C'est du sérieux

Il est fameux, votre calvados!
C'est du fameux, ça.

Elles sont solides ces maisons!
C'est du solide, ça.

Use of preposition à

The preposition **à** is often used to indicate the way certain dishes are prepared

le coq au vin
l'omelette aux champignons
la tarte à l'oignon
les tripes à la mode de Caen

Comme

Comme renders a remark less definite

Il y a comme un goût de framboise
There's a sort of taste of raspberry

C'était comme de la poussière grise
It was like a sort of grey dust

Il y avait comme de l'humidité sur les murs de la cave
It looked as if the walls of the cellar were damp.

Shortened words and expressions

Words and expressions in common use are often shortened in French. Here are a few examples

la télé	la télévision
le calva	le calvados
le vélo	(le vélocipède: no longer used) bicycle
formid	formidable
sympa	sympathique
d'ac	d'accord
expo	exposition

Mi-

The prefix **mi-** can be used with an adjective or a noun to mean 'half', 'semi-'

Un vin mi-doux	A semi-sweet wine
à mi-chemin	halfway
à la mi-août	in mid-August
à mi-hauteur	halfway up
mi-clos	half shut

Exercices

1   Envoyez-lui les amateurs de vin que vous connaissez
        Si jamais nous connaissons des amateurs de vin, nous les lui
        enverrons
    Présentez-nous les nouveaux amis que vous avez rencontrés
        Si jamais nous rencontrons des nouveaux-amix nous vous les pr
    Montrez-moi les livres rares que vous avez découverts
        si jamais nous découvrons des livres rares nous vous les montrero
    Parlez-lui des bons vins que vous avez achetés
        Si jamais nous achetons des bon vins nous te lui en parlerons
    Donnez-leur l'argent que vous avez en trop
        si jamais nous avons de l'argent en trop nous le leur donnerons
    Vendez-moi les vieilles bouteilles que vous avez trouvées
    ....

2   Ne mélangez pas les alcools et les vins. Ce n'est pas prudent
        Il serait prudent de ne pas mélanger les alcools et les vins

    Ne buvez pas avant de conduire. Ce n'est pas recommandable
    ....

    Ne mangez pas plus que de raison. Ce n'est pas intelligent
    ....

    Ne faites pas la tournée des caves sans manger. Ce n'est pas conseillé
    ....

    Ne videz pas toutes les bouteilles. Ce n'est pas gentil
    ....

    Ne partez pas avant d'avoir remercié le vigneron. Ce n'est pas poli.
    ....

3   Vous sentez encore quelque chose? Moi, non, j'ai trop bu.
        Moi, j'ai déjà tellement bu que je ne sens plus rien

    Vous mangez encore quelque chose? Moi, non, j'ai trop dévoré.
    ....

    Vous achetez encore quelque chose? Moi, non, j'ai trop dépensé.
    ....

    Vous faites encore quelque chose? Moi, non, j'ai trop exagéré.
    ....

    Vous apprenez encore quelque chose? Moi, non, j'ai trop étudié.
    ....

    Vous dites encore quelque chose? Moi, non, j'ai déjà trop parlé.
    ....

Notes sur la vie

Le culte du vin

La tournée des caves n'est pas un mythe et les amateurs ou acheteurs visitent souvent un grand nombre de caves avant de se décider. Chaque foire régionale a son allée réservée aux négociants en vins et bien peu d'amateurs arrivent à l'autre bout de l'allée sur leurs deux jambes.

Les amateurs de vins forment même parfois des clubs: ces 'confréries de tastevins' se réunissent en habits moyenâgeux dans de vieilles caves et célèbrent gaiement le culte du vin dans le style de Rabelais, leur idole.

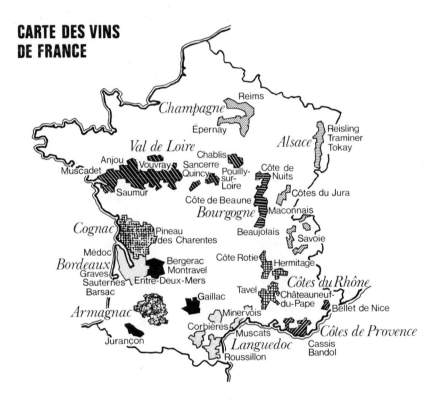

CARTE DES VINS DE FRANCE

20 L'Objectif s'examine

Aujourd'hui le personnel de L'Objectif s'est mis sur son trente et un. Le directeur a invité tout le monde à une petite réception pour faire le bilan des activités du journal jusqu'à ce jour. Il a convoqué les typographes, les dactylos, les reporters, bref L'Objectif au grand complet. Tous nos amis se sont donc retrouvés et échangent des souvenirs en attendant le discours du patron.

M. Calliope	Vous vous souvenez, Louise, de notre première rencontre, le jour de la première réunion?
Mlle Louise	Oui, on était en retard, comme d'habitude. Je me souviens même qu'on avait fait les présentations dans l'ascenseur. On était arrivé juste au moment où le directeur allait faire son discours.
M. Calliope	C'était d'ailleurs assez drôle, ce qu'il avait raconté. Il avait parlé d'enfant, ou je ne sais quoi. Ah oui, c'est ça, L'Objectif, c'était son enfant qui allait naître. Ah mais tiens, je crois qu'il va faire son discours maintenant. On va voir s'il donne toujours dans les mêmes métaphores.
Mlle Louise	Oh, ce que vous êtes mauvaise langue!
Le directeur	Mesdames, Mesdemoiselles, Messieurs. C'est avec un profond plaisir que je me retrouve aujourd'hui parmi vous. Le jour où je me demandais avec inquiétude comment allait naître L'Objectif, ce journal que déjà j'aimais comme un enfant, ce jour, dis-je, est bien loin! L'enfant a grandi, c'est déjà presque un homme!
M. Calliope	Vous voyez ce que je vous avais dit!
Le directeur	J'ai la joie de vous annoncer qu'aujourd'hui L'Objectif a atteint le chiffre de 300,000 ventes. (Bravos) Ce succès, mes chers amis, c'est à vous que je le dois, à votre aide, à votre travail et à votre talent. (Bravos)
M. Calliope	Si ma mémoire est bonne, il est en train de se citer. Il doit faire encadrer ses discours pour s'en resservir au besoin.
Mlle Louise	Ah, que voulez-vous, ses discours ont peut-être une naissance plus difficile que ses journaux.
Le directeur	Mes chers amis, permettez-moi encore une fois de vous adresser à tous mes félicitations et mes remerciements. A tous, parce que le travail que nous faisons est un travail d'équipe, et que la devise de L'Objectif doit être 'un pour tous, tous pour un'. Il ne me reste plus qu'à souhaiter à notre journal une carrière longue et prospère. Une nouvelle fois, je vous demande de lever vos verres et de boire à la santé de L'Objectif. Vive L'Objectif! (Applaudissements, bravos etc.)
M. Calliope	Il me semble avoir déjà entendu ça quelque part. Pas vous?
Mlle Louise	Si, en effet. Tiens, mais voici Madame Becque qui arrive. Elle a l'air

162

	d'avoir eu des ennuis. Alors Madame Becque, que se passe-t-il? Vous avez manqué le discours du directeur.
Mme Becque	Ah, ne m'en parlez pas. J'arrive tout droit de Tours. Figurez-vous que j'étais allée faire la tournée des caves avec Pelloche dans la vallée de la Loire. Malheureusement, ce brave Pelloche a un peu exagéré. Il est sorti de l'affaire malade comme une bête.
Mlle Louise	Rien de grave, j'espère?
Mme Becque	Oh non, il vivra! Mais il est comme on dit intransportable. Il a fallu que j'aille lui prendre une chambre d'hôtel. Il n'était pas question de rentrer à Paris. En plus, j'ai dû rester toute la nuit à le soigner. Il n'arrêtait pas de demander sa mère! Enfin, ce matin, ça allait mieux.
M. Calliope	Pauvre Pelloche. Et vous avez prévenu sa femme?
Mme Becque	Oui, je lui ai téléphoné. Elle m'a dit: 'Ça ne m'étonne pas. Dès qu'il sort du cinéma, du théâtre et de l'art, il ne fait que des bêtises!' Elle n'avait pas l'air très inquiète. Apparemment, ce n'est pas la première fois que ce genre de choses lui arrive.
M. Calliope	Enfin, c'est quand même dommage que Pelloche n'ait pas pu venir à la réunion. Mais dites donc, j'ai l'impression qu'une merveilleuse histoire d'amour est en train de naître à *L'Objectif*.
Mme Becque	Ah, ah, et quoi donc? Vous me faites dresser l'oreille, vous avez l'air si mystérieux!
M. Calliope	Regardez plutôt Annie Ducros et Marc Gallant. Depuis qu'ils ont fait cette croisière sur les canaux, ils ne se quittent plus. J'ai l'impression qu'on va bientôt assister à une petite cérémonie!
Mme Becque	Oh là, là, oui! A voir la façon dont ils se regardent, je crois même que ça ne va pas tarder! On risque d'avoir un bon banquet pour la circonstance. Espérons que Pelloche sera rétabli.
Mlle Louise	Au fond, *L'Objectif* nous aura apporté bien des satisfactions jusqu'ici. Moi, j'ai résolu ma crise du logement grâce à Calliope. Annie Ducros s'est trouvé un mari ou Marc Gallant s'est trouvé une femme, ça revient au même. Pelloche a fait connaissance avec les bons vins de la Loire. Tout ça n'est déjà pas mal!
Mme Becque	Mais oui, moi j'ai fait de bonnes affaires en travaillant pour *L'Objectif* et j'ai découvert d'excellents restaurants. Calliope a fait ses débuts de détective amateur. Finalement, le bilan est positif.
M. Calliope	Mais, c'est ce que vient de dire notre cher directeur. Et je crois que nous pouvons encore lever nos verres une dernière fois et dire bien fort: Vive *L'Objectif*!
Tous	Vive *L'Objectif*!

Mots et expressions

e personnel de *L'Objectif* s'est mis sur son trente et un	The staff of *L'Objectif* has got all dressed up (**trente et un** is a corruption of **trentain** which was a very fine cloth used for special suits)

L'Objectif au grand complet	L'Objectif in full force (**Le gouvernement au grand complet; La famille Pelloche au grand complet**)
On va voir s'il donne toujours dans les mêmes métaphores	We'll see if he's still indulging in the same metaphors.
ce que vous êtes mauvaise langue!	you do say nasty things! **Mauvaise langue** a scandal monger
il est en train de se citer	he's quoting himself
Il doit faire encadrer ses discours pour s'en resservir au besoin	He must have his speeches framed so that he can use them again when he needs to
J'arrive tout droit de Tours	I've come straight from Tours
Figurez-vous..........	Just imagine..........
ce brave Pelloche a un peu exagéré	dear old Pelloche overdid it a bit
malade comme une bête	as sick as a dog
Mais il est comme on dit intransportable.	He can't be moved as they say.
Dès qu'il sort du cinéma, du théâtre et de l'art..........	Once outside the province of the cinema, theatre and art..........
Vous me faites dresser l'oreille	You make me prick up my ears
On risque d'avoir un bon banquet	We may well get a good meal
pour la circonstance	for the occasion
ça revient au même	it comes to the same thing
L'Objectif nous aura apporté bien des satisfactions	L'Objectif has been very rewarding for us
Tout ça n'est déjà pas mal	That's not bad to start with
Calliope a fait ses débuts de détective amateur	Calliope has started his career as an amateur detective
le bilan est positif	the balance is on the right side.

Notes sur la langue

1   Future perfect

This is formed by the future of the appropriate auxiliary (**être** or **avoir**) followed by the past participle of the verb.

It is used after either another future or a verb having future implications, e.g. an imperative, or a verb like **espérer**

Il viendra quand il aura fini
Venez quand vous aurez fini

Compare:

> J'espère qu'il finira demain
> I hope he will finish tomorrow
> *and*
> J'espère qu'il aura fini demain
> I hope he will have finished by tomorrow

It may be necessary to express an action which is future in relation to a past action (future in the past). In this case a similar compound tense is used, consisting of the conditional of the appropriate auxiliary followed by the past participle. This tense always presents the event as hypothetical or unrealised:

> Nous espérions qu'il aurait fini hier
> We hoped he would have finished yesterday

It is therefore used in conditional sentences in the past:

> S'il avait bien travaillé, il aurait fini avant-hier
> If he had worked well he would have finished the day before yesterday

Subjunctive

The subjunctive is used after sentences like **c'est dommage que**............, **c'est inutile que**............, **c'est normal que**............, etc.

> C'est quand même dommage que Pelloche n'ait pas pu venir
> C'est inutile que vous m'écriviez
> C'est normal que le directeur se repète

Note that, in present day spoken French, if **c'est** is changed to **c'était**, there is no corresponding change in the subjunctive:

> C'était quand même dommage que Pelloche n'ait pas pu venir
> C'était inutile que vous m'écriviez

The same applies to most other cases of the use of the subjunctive: a change in tense of the verb in the main part of the sentence does not necessarily change the tense of the subjunctive:

> Le propriétaire avait vendu son immeuble pour qu'il soit démoli
> Il fallait que j'aie le bac

This is a comparatively recent development in the language. Not very long ago a past tense of the subjunctive would have been used, but it is gradually dying out.

Exercices

Je n'ai pas encore fini	Venez quand vous aurez fini
Je n'ai pas encore lu le livre	....
Je n'ai pas encore visité l'exposition	....
Je n'ai pas encore reçu la lettre	....
Nous n'avons pas encore rencontré Calliope	....
Nous n'avons pas encore vu le directeur	....

2   Il n'a pas fini parce qu'il n'a pas bien travaillé
               S'il avait bien travaillé, il aurait fini

      Il n'a pas répondu parce qu'il n'a pas reçu la lettre

      Je n'ai pas su la nouvelle parce que je n'ai pas rencontré Calliope

      Nous n'avons pas téléphoné parce que nous n'avons pas trouvé un téléphone

      Elle n'est pas allée au marché parce qu'elle n'a pas pris sa voiture

      Le directeur n'a pas fait un bon discours parce qu'il n'a pas eu d'idées

3   Souhaitons une longue carrière à notre journal
               Il ne nous reste plus qu'à souhaiter une longue carrière à notre journal

      Espérons pour Pelloche un prompt rétablissement

      Souhaitons à Marc et à Annie un mariage heureux

      Espérons pour Madame Becque des milliers de bons achats

      Souhaitons à Louise et à Calliope une joyeuse co-habitation

      Espérons pour L'Objectif des années de succès

      Espérons que nous ferons mieux la prochaine fois

Index to main grammar notes (The numbers refer to the lessons)

à 19
adjectives:
  neuf and nouveau 7
  position 12
  possessives 8, 17
  shortened 19
adverbs:
  formation 8
  position 4
aller and the infinitive 1
après 17
avant de + infinitive 6
avoir l'air 10
ce qui, ce que 9
celui-ci, -là 4
c'est 1, 3
combien 10
comme 19
comparisons 3
compter 10
décider de 17
demander 12
depuis 4, 7, 9
devoir 9
dont 9
du (partitive) 8
empêcher de 17
en 5
en + gerund (and tout en......) 6
espérer 15
essayer de 15
être en train de 5
être sur le point de 9
faire
  expressions of time 7
  and the infinitive 5
  prices 7
finir par 15
indefinite expressions + de
  (quelqu'un de etc.) 6
intéresser, s'intéresser (à) 12
lorsque (quand) + future 10
manquer 12
mi- 19
negatives 1
ne . . . . que 10
nouns
  as adjectives 18
  feminine/masculine 15
  in -at 15
  plurals 4
  shortened 19

numbers
  -aine (une trentaine) 4, 11
on 2, 7, 13
où 4
penser + infinitive 15
penser à + noun 15
peu 14
place, expressions of 12
possessives 8, 17
(se) priver de 16
profiter de 16
pronouns
  emphatic 2
  position 7, 8
  possessive 8
  reflexive 1
(se) proposer de 18
questions 2
qui, que, quel 2
re- (prefix) 19
regarder + infinitive 15
savoir 12
(se) servir (de, à) 18
si 10
soit 18
tâcher (de) 10
tel (que) 10
time, expressions of 4, 7, 9, 16
titles 11
tout
  adjective 3, 13, 16
  position as pronoun 4
  adverb 5, 13
  noun 5
venir de and the infinitive 1
verbs
  conditional 11, 12
  conditional perfect 20
  future 3, 10
  future perfect 20
  imperative 8
  imperfect 4, 14
  + infinitives 1, 2, 10
  negative infinitive 6
  passive 7
  perfect 1, 2, 4, 14
  pluperfect 5
  present (in narration) 5
  present participle 6
  reflexive 1, 7
  subjunctive 13, 14, 15, 17, 20

Key to exercises

Lesson 1

1. Non, elle va la quitter tout de suite; Non, il va arriver tout de suite; Non, il va le commencer tout de suite; Non, il va l'écrire tout de suite; Non, il va les faire tout de suite.

2. Nous nous occupons du journal aussi; Il se lève aussi; Elles se présentent aussi; Nous nous pressons d'arriver aussi; Il s'excuse aussi; Elle se lève aussi; Ils se trompent aussi.

3. Oui, il vient de s'installer; Oui, ils viennent de la quitter; Oui, il vient de se lever; Oui, elle vient de commencer; Oui, ils viennent d'arriver; Oui, elles viennent de la trouver; Oui, il vient de le boire; Oui, il vient de les présenter; Oui, elle vient de se présenter; Oui, il vient de le faire.

Lesson 2

1. On reproche ....; On veut ....; On va ....; On aime ....; On vit ...., On s'intéresse ....; On travaille ....; On achète ....

2. L'année dernière le reporter a posé ....; .... nous avons eu ....; le marché n'a pas été ....; ça a été ....; il a pris ....

3. Est-ce qu'elle les aime aussi? Est-ce qu'elle la regrette aussi? Est-ce qu'elle les prend aussi? Est-ce qu'elle la regarde aussi? Est-ce qu'elle la remercie aussi? Est-ce qu'elle les fait aussi?

4. Est-ce qu'elle peut voyager aussi? Est-ce qu'elle veut boire aussi? Est-ce qu'elle sait chanter aussi? Est-ce qu'elle aime manger aussi? Est-ce qu'elle va partir aussi? Est-ce qu'elle vient d'arriver aussi?

5. C'est le Salon de L'Auto qui ouvre ses portes; Ce sont les voitures étrangères que nos clients préfèrent acheter; C'est cette petite voiture de ville qui me plaît beaucoup; J'ai acheté une 1100 Super Luxe que j'ai un peu gonflée.

Lesson 3

1. Non, il viendra ce soir; Non, elle reviendra ce soir; Non, elle s'habillera ce soir; Non, il recommencera ce soir.

2. Non, je l'interrogerai demain; Non, je la reverrai demain; Non, je le lirai demain; Non, je les verrai demain.

3. Non, elle est moins importante; Non, ils sont moins riches; Non, elle est moins polie; Non, ils sont moins moulants; Non, elles sont moins longues; Non, il est moins élégant; Non, il est moins original; Non, elle est moins classique.

4. Il essaye toutes les voitures; Elle observe tous les mannequins; Il discute avec toutes les vendeuses; Elle critique tous les modèles; Il modifie la longueur de toutes les jupes; Ils admirent toutes les belles robes; Elles regardent toutes les vitrines avec envie.

5. Toutes les périodes des collections sont animées; Tous les magazines sont remplis de nouvelles sur les présentations de mode(s); Toutes les modes masculines sont classiques; Toutes les maisons sont affairées; Tous les décors sont exotiques; Tous les ensembles sport sont en cuir; Toutes les jupes sont bien taillées; Tous les modèles sont classiques; Toutes les collections sont originales.

Lesson 4

1. ....personne ne les a volés; ....personne ne l'a découverte; ....personne ne les a recueillis; ....personne ne l'a ouvert; ....personne ne lui a parlé.

2. C'est vous qui croyez............; C'est vous qui êtes............; C'est vous qui avez brisé............; C'est vous qui avez ruiné............; C'est vous qui êtes allé............; C'est vous qui faites partie............; C'est vous qui êtes............; C'est vous qui avez volé............

3. Le portier était l'homme le mieux renseigné de l'hôtel; Le crime avait lieu au Bois de Boulogne; La chose se présentait mal; Nous voulions préserver l'anonymat; Vous aviez une hypothèse?

4. observé, remarqués, applaudis, saluées, née, perdu, volé, rentrée, formulées, faits.

5. bourdonnait............était............avait volé............que la presse nous avait souvent dépeinte............Il faut dire que c'était............elle avait dû quitter............Ceux-ci lui avaient laissé............Elle était alors venue à Paris et s'était............qu'elle menait............Personne n'a oublié qu'elle avait brisé............et qu'elle avait ruiné............Calliope était allé enquêter............Il s'était longuement entretenu............

Lesson 5

1. ....j'en prendrai/nous en prendrons; ....j'en mangerai/nous en mangerons; ....j'en parlerai/nous en parlerons; ....j'en boirai/nous en boirons; ....j'en reviendrai/nous en reviendrons; ....j'en reprendrai/nous en reprendrons.

2. ....elle la fait acheter............; il le fait terminer............; elle le fait apporter............; il le fait interroger............; il le fait écrire............; il les fait faire............

3. Non, il est en train de le boire; Non, elle est en train de les vendre; Non, il est en train de l'écrire; Non, il est en train de le finir; Non, elle est en train de le lire.

4. J'interviewais............; La conversation promettait............; Le coffre était............; Les bijoux n'étaient plus là; Le receleur avouait tout; Le portier niait............

Lesson 6

1. Tout en regardant............; Tout en voyageant............; Tout en parlant............; Tout en prenant............; Tout en cherchant............; Tout en faisant............; Tout en conduisant............; Tout en écrivant............

2. Non, il faut penser avant d'agir; Non, il faut respirer avant de nager sous l'eau; Non, il faut écouter avant de répondre; Non, il faut réfléchir avant de se décider; Non, il faut viser avant de tirer.

3. Oui, c'est quelqu'un de pauvre; Oui, c'est quelque chose de froid; Oui, c'est quelqu'un de généreux; Oui, c'est quelqu'un de fort; Oui, c'est quelque chose de beau; Oui, c'est quelqu'un d'accueillant; Oui, c'est quelque chose d'utile; Oui, c'est quelque chose de précieux.

4. Non, il vaut mieux ne pas se déplacer en taxi; Non, il vaut mieux ne pas le prendre; Non, il vaut mieux ne pas entrer sans frapper; Non, il vaut mieux ne pas le nier; Non, il vaut mieux ne pas partir sans payer; Non, il vaut mieux ne pas le donner.

Lesson 7

1. La bague a été rétrécie; Le portier de l'hôtel a été arrêté; Les bijoux ont été achetés chez l'antiquaire; Tout le vin rouge a été bu; Toutes les églises de la ville ont été photographiées; Des tableaux de maître ont été trouvés; Le Village Suisse a été modernisé; Les vieux immeubles ont été agrandis.

2. Ça fait une heure qu'elle parle; Ça fait dix-huit ans qu'il est portier; Ça fait un an que nous ne mangeons plus au restaurant; Ça fait longtemps que vous apprenez le chinois?; Ça fait deux ans qu'ils habitent Paris; Ça fait combien de temps que Calliope travaille pour L'Objectif?; Ça fait longtemps que l'inspecteur cherche les bijoux de la princesse.

3. Non, il va le visiter demain; Non, elle va le trouver demain; Non, elle va aller les acheter demain; Non, il va le terminer demain; Non, elles vont la revendre demain; Non, je vais aller la voir demain; Non, elle va l'essayer demain; Non, ils vont aller la chercher demain.

5. ....je vous la réparerai demain; ....je vous le rendrai demain; ....je vous l'achèterai demain; ....je vous le nettoierai demain; ....je vous l'agrandirai demain; ....je vous les donnerai demain; ....je vous le vérifierai demain; ....je vous la livrerai demain.

6. Elle lui en a parlé; Il les lui a données; Il le lui a demandé; Elle la lui a offerte; Il le leur a garanti; Ils la lui ont présentée; Elle lui en a parlé.

Lesson 8

1. Non, ne me le dites pas aujourd'hui: dites-le-moi demain; Non, ne le leur apportez pas aujourd'hui: apportez-le-leur demain; Non, ne me le payez pas aujourd'hui: payez-le-moi demain; Non, ne le lui offrez pas aujourd'hui: offrez-le-lui demain; Non, ne le leur promettez pas aujourd'hui: promettez-le-leur demain; Non, ne me le laissez pas aujourd'hui: laissez-le-moi demain; Non, ne me le prêtez pas aujourd'hui: prêtez-le-moi demain; Non, ne me le changez pas aujourd'hui: changez-le-moi demain.

2. Il y a de l'énergie dans ce tableau; Il y a de l'audace dans cette interprétation; Il y a de l'originalité dans ces peintures; Notre société ne manque pas de violence; Cette explication ne manque pas d'intelligence; Cette exposition ne manque pas de beauté; Cette technique ne manque pas de complexité.

3. froidement—sévèrement—sérieusement—violemment—amicalement—brillamment—divinement—très clairement—attentivement.

4. Ce sont les siennes; C'est le mien; Ce sont les miennes; Ce sont les leurs; Ce sont les miennes; C'est la sienne; C'est la vôtre.

5. Interprétez-le; Prêtez-le-leur; Entretenez-vous avec lui; Ecoutez-les; Ne l'achetez pas; Ne les laissez pas; Ne l'ouvrez pas; Ne les emportez pas.

Lesson 9

1. Non, mais elle doit téléphoner aujourd'hui; Non, mais elles doivent venir aujourd'hui; Non, mais ils doivent le trouver aujourd'hui; Non, mais ils doivent la vérifier aujourd'hui; Non, mais je dois essayer aujourd'hui; Non, mais il doit marcher aujourd'hui; Non, mais je dois l'avoir aujourd'hui; Non, mais il doit l'écrire aujourd'hui.

2. Non, mais elle est sur le point de sortir; Non, mais il est sur le point de s'énerver; Non, mais il est sur le point de le faire; Non, mais il est sur le point de l'écrire; Non, mais il est sur le point de se réveiller; Non, mais il est sur le point de l'avouer; Non, mais elle est sur le point de l'appeler.

3. Il a un plat dont il connaît seul le secret; J'ai bu le vin dont mon père est très amateur; Il a pris l'argent dont j'avais besoin; Je lui ai apporté les livres dont il avait envie; Je suis allé voir le film dont ils m'ont parlé; Elle a visité l'usine dont son oncle est propriétaire; Je suis devenu président du club dont je suis membre.

4. Il y va pour deux ans; Il en a pour un quart d'heure; J'y habite depuis dix ans; Je ne suis pas allé au cinéma depuis trois semaines; J'arriverai dans trois quarts d'heure; Je finirai dans six mois; Il écrit son article en cinq minutes; Je fais mon marché en une heure et demie.

Lesson 10

1. Oui, il n'aime que ça; Oui, ils ne parlent que de ça; Oui, elles n'aiment que ça; Oui, je ne bois que ça; Oui, je ne fais que ça; Oui, il ne peint que ça; Oui, il ne lui demande que ça; Oui, elle ne dit que ça; Oui, je n'écoute que ça.

2. Oui, il compte bien y partir tout de suite; Oui, elles comptent bien lui téléphoner demain; Oui, il compte bien en faire un au dîner; Oui, nous comptons bien le leur envoyer; Oui, il compte bien en faire beaucoup pour L'*Objectif*; Oui, nous comptons bien nous y marier; Oui, elle compte bien en revenir le mois prochain.

3. ....je lui téléphonerai............; je vous l'enverrai............; ....je le finirai............; ....je les ferai............; ....je m'en achèterai une............

4. Oui, si je le trouve, je vous le donnerai; Oui, si j'y vais, je vous écrirai; Oui, si je suis à Paris, je viendrai vous voir; Oui, si j'ai le temps, je tâcherai de vous téléphoner; Oui, si j'ai assez d'argent, j'achèterai les livres.

5. Oui, quand je le trouverai, je vous le donnerai; Oui, quand j'irai en Bretagne, je vous écrirai; Oui, quand je serai à Paris, je viendrai vous voir; Oui, quand j'aurai le temps, je tâcherai de vous téléphoner; Oui, quand j'aurai assez d'argent, j'achèterai les livres.

Lesson 11

1. ....des milliers de gens seraient prêts............; ....les moniteurs termineraient............; ....le maire contacterait............; ....une bonne campagne de publicité devrait apporter............; ....il faudrait............; ....le maire aurait............; ....on pourrait faire............; ....le conseil municipal déciderait............

2. S'il trouvait............il s'achèterait............; Si nous étions............nous irions............; Si je trouvais............j'irais............; Si nous gagnions............nous louerions............; S'ils revenaient, nous partirions............; S'il faisait beau............vous pourriez............

3. ....j'en achèterais une............; ....je lui en parlerais............; ....je les y prendrais............; ....je les apporterais avec moi............; ....je la ferais............

4. ....on en construit quarante et un; ....il y en a cinquante et un; ....elle en a seize; ....il y en a onze; ....il m'en reste soixante et un; ....il en compte mille un.

5. Tout le monde serait............; Les jeunes partiraient............; Le village se transformerait............; Le village serait vide............; Il faudrait............; Nous regretterions............; Les gens quitteraient............

Lesson 12

1. Parce qu'on lui a demandé de l'écrire; Parce qu'on leur a demandé de le réaliser; Parce qu'on lui a demandé de le faire; Parce qu'on lui a demandé de le lire; Parce qu'on leur a demandé de l'interroger; Parce qu'on m'a demandé de l'envoyer; Parce qu'on leur a demandé de l'organiser

2. Oui, les expositions de peinture l'ennuient beaucoup; Oui, la politique les intéresse beaucoup; Oui, le cinéma l'amuse beaucoup; Oui, les embouteillages m'énervent beaucoup; Oui, les enfants les ennuient beaucoup.

3. Non, elle était claire; Non, il était stupide (bête); Non, il était maigre; Non, elles étaient basses; Non, elle était moderne; Non, il était rapide.

Lesson 13

1. Non, il veut que vous partiez............; ....que vous l'écriviez............; ....que vous y alliez............; ....que vous y soyez............; ....que vous le preniez............; ....que vous lui téléphoniez............; ....que vous lui parliez............; ....que vous reveniez............; ....que vous le prépariez............

2. ....que vous y alliez; ....qu'elle y assiste; ....qu'ils le fassent; ....qu'il lui écrive; ....que vous y soyez; ....qu'ils en trouvent; ....qu'il la conduise.

3. Il faut qu'il prenne ses vacances en juin; Il faut que nous écrivions l'article ensemble; Il faut que vous sortiez avec votre belle-mère; Il faut qu'ils descendent au premier arrêt; Il faut qu'elle soit chez elle à cinq heures; Il faut qu'il mette son pardessus pour aller au théâtre.

4. Je lui ai demandé de me la donner; Je leur ai demandé de me la finir à temps; Je lui ai demandé de me l'apporter; Je leur ai demandé de me le faire voir; Je lui ai demandé de me les expliquer; Je lui ai demandé de me les montrer.

Lesson 14

1. Hier aussi il a traversé la Seine; Hier aussi il est allé au bureau en taxi; Hier aussi elle a rencontré un ami; Hier aussi le téléphone a sonné; Hier aussi nous avons bu un verre ensemble; Hier aussi elle a téléphoné à Paris; Hier aussi il a sonné à la porte.

2. Non, je ne crois pas qu'il l'ait vendu; ....qu'il y soit parti; ....qu'elle y soit souvent allée; ....qu'elle en ait trouvé un; ....qu'elle y ait longtemps travaillé; ....qu'il l'ait rencontré; ....qu'ils l'aient vu; ....qu'il l'ait ouverte; ....qu'il y soit parti hier.

3. Non, il ne le lui vend pas; Non, je ne pense pas m'y retirer; Non, je ne leur en ai pas parlé; Non, il n'y en a pas; Non, je ne la lui ai pas demandée; Non, je ne la lui ai pas écrite.

Lesson 15

1. Oui, il m'a dit qu'il téléphonerait dans l'après-midi; Oui, elle m'a dit qu'elle sortirait ce soir; Oui, ils m'ont dit qu'ils rentreraient cette semaine; Oui, il m'a dit qu'il travaillerait dimanche; Oui, elle m'a dit qu'elle reviendrait bientôt; Oui, ils m'ont dit qu'ils changeraient de voiture ce mois-ci; Oui, elles m'ont dit qu'elles achèteraient une nouvelle robe pour la noce; Oui, ils m'ont dit qu'ils payeraient des impôts cette année.

2. Ils m'ont dit qu'ils me téléphoneraient ce soir; Il m'a dit qu'il m'écrirait; Elles m'ont dit qu'elles me rendraient visite; Il m'a dit qu'il m'en enverrait; Elle m'a dit qu'elle m'en vendrait; Ils m'ont dit qu'ils m'en parleraient.

3. J'aime bien le regarder s'amuser; J'aime bien le regarder peindre; J'aime bien les regarder danser; Je n'aime pas l'entendre rouspéter; Je n'aime pas les entendre grincer; Je n'aime pas l'entendre jouer du violon; Je n'aime pas les entendre craquer.

4. Il pense la réparer en trois jours; Elle compte les préparer en trois jours; J'espère revenir dans trois jours; Il va la prendre dans trois jours; Ils comptent les terminer dans trois jours.

5. Avec le temps ils finiront bien par y réussir; Avec le temps elle finira bien par les apprécier; Avec le temps il finira bien par les aimer; Avec le temps elle finira bien par en faire; Avec le temps ils finiront bien par y aller; Avec le temps elles finiront bien par s'y amuser; Avec le temps elle finira bien par les terminer.

Lesson 16

1. Non, il n'y a plus moyen d'en boire; Non, il n'y a plus moyen de sortir; Non, il n'y a plus moyen de bien y manger; Non, il n'y a plus moyen de bien s'y amuser; Non, il n'y a plus moyen d'y vivre; Non, il n'y a plus moyen d'en avoir.

2. Le village est à cinquante minutes d'autocar du Mans; Le centre de Pastourelles est à un quart d'heure de voiture de la gare; Le lycée est à vingt minutes de bicyclette de chez moi; New York est à huit heures d'avion de Paris; Newhaven est à trois heures trois quarts de bateau de Dieppe.

3. Il faut que j'aille à Paris; Il faut que nous venions le matin; Il faut que vous fassiez vos courses; Il faut qu'ils sachent toutes les réponses; Il faut qu'elles puissent se reposer; Il faut que je prévienne mes amis.

4. ....mais j'aimerais bien en boire un jour; ....mais nous aimerions bien en manger un jour; ....mais il aimerait bien l'apprendre un jour; ....mais elle aimerait bien y aller un jour; ....mais elle aimerait bien en avoir une un jour; ....mais nous aimerions bien les visiter un jour.

Lesson 17

1. J'en ai rarement mangé d'aussi mauvais: c'est même le pire que j'aie jamais mangé; J'en ai rarement lu d'aussi intéressant; c'est même le plus intéressant que j'aie jamais lu; J'en ai rarement vu d'aussi remarquable: c'est même le plus remarquable que j'aie jamais vu; J'en ai rarement fait d'aussi pittoresque: c'est même la plus pittoresque que j'aie jamais faite; J'en ai rarement passé d'aussi ennuyeuses: ce sont même les plus ennuyeuses que j'aie jamais passées; J'en ai rarement entendu d'aussi belle: c'est même la plus belle que j'aie jamais entendue; J'en ai rarement conduit d'aussi maniable: c'est même la plus maniable que j'aie jamais conduite.

2. Après avoir vu la cathédrale, il verra le musée; Après avoir passé l'écluse, Marc tombera à l'eau; Après avoir réparé la voiture, le pêcheur s'en ira; Après être sorti de chez lui, l'éclusier ouvrira les portes; Après être partie pour quinze jours, elle déménagera; Après avoir parcouru les canaux, il se reposera à la campagne.

3. Nous n'y connaissons rien; L'éclusier n'y tient pas; Nous ne nous y intéressons pas; Marc n'y réussit pas; Annie n'y arrive pas.

Lesson 18

1. Votre voiture est garée automatiquement; La carte est mise dans la machine; Le chiffre d'affaires est vérifié tous les jours; L'argent est déposé dans un emplacement spécial; La monnaie vous est rendue immédiatement; Votre voiture est garée par un convoyeur automatique; Votre addition est totalisée par un lecteur; Un état permanent du stock est tenu par un ordinateur; Le magasin est contrôlé par une société américaine; Le coupable est immédiatement entouré par une cage de fer.

2. ....une carte perforée qui vous servira............; ....une voiture dont je suis............; ....un analyseur de chèques qui est en relation............; ....un écrivain dont j'avais lu le livre; ....avec un philosophe dont j'ai beaucoup apprécié la modestie; ....une voiture que j'ai revendue............; ....deux jours sans boire, ce qui était pénible; ....des escargots, ce que nous ne referons jamais; ....au village, ce qui m'a rappelé ma jeunesse.

3. Notre machine n'a aucun problème à faire l'addition; Notre convoyeur n'a aucune peine à garer votre voiture; Nos clients n'ont aucun mal à charger leurs provisions; Nos inspecteurs n'ont aucun remords à arrêter les voleurs; Notre magasin n'a aucun désavantage à utiliser cette formule.

Lesson 19

1. Si jamais nous rencontrons de nouveaux amis, nous vous les présenterons; Si jamais nous découvrons des livres rares, nous vous les montrerons; Si jamais nous achetons de bons vins, nous lui en parlerons; Si jamais nous avons de l'argent en trop, nous le leur donnerons; Si jamais nous trouvons de vieilles bouteilles, nous vous les vendrons.

2. Il serait recommandable de ne pas boire avant de conduire; Il serait intelligent de ne pas manger plus que de raison; Il serait conseillé de ne pas faire la tournée des caves sans manger; Il serait gentil de ne pas vider toutes les bouteilles; Il serait poli de ne pas partir avant d'avoir remercié le vigneron.

3. Moi, j'ai déjà tellement dévoré que je ne mange plus rien; Moi, j'ai déjà tellement dépensé que je n'achète plus rien; Moi, j'ai déjà tellement exagéré que je ne fais plus rien; Moi, j'ai déjà tellement étudié que je n'apprends plus rien; Moi, j'ai déjà tellement parlé que je ne dis plus rien.

Lesson 20

1. Venez quand vous l'aurez lu; Venez quand vous l'aurez visitée; Venez quand vous l'aurez reçue; Venez quand vous l'aurez rencontré; Venez quand vous l'aurez vu.

2. S'il avait reçu la lettre, il aurait répondu; Si j'avais rencontré Calliope j'aurais su la nouvelle; Si nous avions trouvé un téléphone, nous aurions téléphoné; Si elle avait pris sa voiture, elle serait allée au marché; S'il avait eu des idées, il aurait fait un bon discours.

3. Il ne nous reste plus qu'à espérer pour Pelloche un prompt rétablissement; Il ne nous reste plus qu'à souhaiter à Marc et à Annie un mariage heureux; Il ne nous reste plus qu'à espérer pour Madame Becque des milliers de bons achats; Il ne nous reste plus qu'à souhaiter à Louise et à Calliope une joyeuse co-habitation; Il ne nous reste plus qu'à espérer pour L'Objectif des années de succès; Il ne nous reste plus qu'à espérer que nous ferons mieux la prochaine fois.

Glossary

ABBREVIATIONS   (m) = masculine   (f) = feminine   (fam) = familiar

Past participles of verbs not of the **poser-posé, reussir-réussi** type are given in brackets. (A certain basic vocabulary is assumed and students would be advised to have a small dictionary.)

A

abandonner to abandon
abrégé: en abrégé abbreviated
l'abri (m) shelter
s'abriter to take shelter
l'acajou (m) mahogany
accueillant welcoming
accueillir to welcome
achalandé (bien) well-stocked
l'achat (m) purchase, buying
l'acheteur (m) buyer
l'acompte (m) deposit, instalment
l'actualité (f) latest news
   les actualités newsreel
actuellement at the present time
l'affaire (f) affair; bargain
   les affaires business
affairé bustling, busy
l'affiche (f) poster, bill
affolé terrified
s'affoler to get in a state of panic
l'agent immobilier (m) estate agent
s'agrandir to grow larger, expand
ajouter to add
l'alliance (f) wedding ring
l'amateur (m) lover of
l'âme (f) soul
aménagé arranged, fitted out
amener to bring
l'ampleur (f) range, breadth
s'amuser to amuse oneself
anachronique anachronistic
ancien (ancienne) former; ancient
animé animated
l'année (f) year
l'annonce (f) advertisement, announcement
l'annuaire (m) directory
l'anonymat (m) anonymity
anxieux (anxieuse) anxious
apercevoir (aperçu) to glimpse
s'apercevoir de to notice
l'appareil (m) **photo** camera
appartenir (appartenu) to belong
s'appeler to be called
les applaudissements (m) applause

approuver to approve of
approvisionné covered (of cheques)
appuyer to lean on, press
arranger to suit, arrange
arrêter to arrest, stop
l'arrière (m) stern, rear
l'arrondissement (m) district of Paris
l'as (m) ace
l'ascenseur (m) lift
l'asile de nuit (m) doss house
l'aspect (m) aspect
assister (à) to be present (at)
assommer to knock out, fell
l'atelier (m) studio, workshop
atteindre (atteint) to reach
attendre (attendu) to wait
l'attirail (m) paraphernalia, apparatus
attraper to catch
l'auberge de jeunesse (f) youth hostel
l'audace (f) audacity
l'aurore (f) daybreak
autant (que . . .) as much (as . . .)
l'autocar (m) coach
avaler to swallow
d'avance in advance
avant-hier the day before yesterday
l'avarice (f) meanness
avertir to warn
avoir (eu)
   avoir lieu to take place
   avoir soin de to make sure
   en avoir assez de to have enough of

B

la bagnole (fam.) car
la bague ring
la baisse fall
le ballon football, balloon
la barre helm
le bâtiment building
bavarder to chat
le bec spout, beak
le bénéfice profit
bénéficier (de) to benefit (from)

le berger shepherd
la bêtise stupidity
le bibelot trinket
la bibliothèque library; bookcase
le bidonville shanty town
bien que although
le bijou (pl. -oux) jewel
le bijoutier jeweller
le bilan balance
la blague joke
la boîte de nuit night club
le bombardement bombing
la bonne maid
la bouée buoy
bouleverser to upset
le boulon bolt
bourdonner to hum, buzz
la Bourse Stock Exchange
la branche branch, field
briser to break
le brocanteur second-hand dealer

C

le cadenas padlock
cafouiller (fam) to miss (of an engine)
la caisse cash-desk; till
la calculatrice électronique electronic
    machine
le calice chalice
la campagne campaign; country(side)
le canard duck
les capitaux capital
la carrière career
le cas case
    en tous cas in any case
la caserne barracks
    la caserne de pompiers fire station
chacun each one, everyone
chargé full, loaded
    chargé de in charge of
chauffé heated
chauve bald
la chauve-souris bat
le chef d'œuvre masterpiece
le chiffre figure
    le chiffre d'affaires turnover
la chose: pas grand' chose not very much
la chouette owl
le cimetière cemetery
le cinéma d'art et d'essai experimental film
    theatre
la circonstance circumstance
circuler to circulate, move about
citer to quote
clouer to nail

le cœur heart
    le cœur d'artichaut artichoke heart
    le cœur de palmier palm heart
le coffre boot (of car); chest
le coin corner
le collaborateur colleague
le collet neck; collar
combler to fill up
la commande order
le commentaire commentary, comment
le commissaire police superintendent
comparable (à) comparable (with)
le compère accomplice, comrade
complet full
    au grand complet in full force
composer le numéro to dial the number
compter to intend, hope to
la concurrence competition
    faire de la concurrence to give
        competition
le concurrent competitor
le conducteur driver
conduire (conduit) to drive
le conférencier lecturer
confortable comfortable
conjurer to exorcise, charm away
connaître (connu) to know
se connaître: il s'y connaît he knows
    all about it
la conscience: avoir conscience de to be
    conscious of
le conseil advice, piece of advice, council
construire (construit) to build
contre: par contre on the other hand
contredire (contredit) to contradict
le contribuable tax-payer
convaincre (convaincu) to convince
convoquer to convene
le convoyeur électronique conveyor belt
le copain (fam.) friend, chum
copier to copy
copieux (copieuse) copious, plentiful
le coq au vin chicken cooked in red wine
le corps body
correct correct; decent
le côté side
la couche layer
    la fausse couche miscarriage
le coup
    sur le coup at the time
    un coup de téléphone a 'phone call
    à coup sûr without doubt
    un petit coup a little drop
coupable guilty
la cour courtyard
    courageux (courageuse) brave; hard-
        working

le cours lesson, course
    au cours de during
la course race
le coussin cushion
la coutume custom
    craindre (craint) to fear
le créateur creator
le crédit credit
    créer to create
la crevaison puncture
le critère criterion
le critique critic
    croire (cru) to believe
la croisière cruise
la croix cross
le cuir leather
le culot (fam.) nerve, cheek

    dessiner to draw
le dessin drawing
la devise motto
    devoir (dû) to have to
le diable devil
le dieu (-x) god
le directeur director
se diriger vers to make for
le discours speech
    divers various
se diviser to divide
le dommage harm, damage
    c'est dommage it's a pity
le don gift
    doublé dubbed
la douceur sweetness, softness
les droits (m) d'auteur royalties

D

le/la dactylo typist
    débarrasser to rid, clear
le débat debate, discussion
    déborder to overflow
    débridé unrestrained, unbridled
    débuter to begin
le début start, beginning
    décerner to award
    découragé discouraged
    décrire (décrit) to describe
le défaut fault
    définitivement finally, for good
le dégât harm
    dégoûter to disgust, sicken
se demander to wonder
le démarreur starter (engine)
    demeurer to remain, stay
    démolir to demolish
    dénicher to discover, unearth
    dépassé out of date
    dépanner to repair, help out
    dépeindre (dépeint) to depict
    déplacé out of place
se déplacer to move about
    déplaire (déplu) to displease
    déposer to set down
    déranger to disturb
    en dérangement out of order
se dérouler to take place
    dérouté disconcerted
    dès since, from
        dès que as soon as
        dès lors from that time
la descente descent
le désespoir despair
    en désespoir de cause as a last resort
    désirer to want, desire

E

l'écart (m) distance from
l'échappement (m) exhaust
l'éclatement (m) bursting, explosion
l'écluse (f) lock
l'éclusier (m) lock-keeper
l'écoulement (m) discharge, draining
    away
l'écran (m) screen
l'écrevisse (f) crayfish
    effrayé frightened
l'élan (m) surge, feeling
    élogieux (-ieuse) laudatory
    éloigner to ward off
    élu elected
    embêter to annoy
    embêtant annoying
l'embouteillage (m) traffic jam
    embrasser to kiss
    emménager to move into a house
l'émoi (m) emotion, agitation
    en émoi in a flutter
    émouvant moving
    empêcher to stop, prevent
s'emporter to get carried away, lose one's
    temper
l'emplacement (m) place, spot, site
l'emploi (m) use
l'empreinte (f) print
    l'empreinte magnétique magnetic
    stamp
    encadrer to frame
    encadré (de) surrounded (by),
    framed (by)
    enchaîner to tie down, fetter
    énerver to irritate
    enfantin childish, childishly simple

l'énigme (f) enigma, mystery
l'ennui (m) trouble, annoyance, boredom
    les ennuis (m) troubles
l'enquête (f) inquiry, investigation
  enquêter to investigate
l'enseignement (m) teaching
  ensemble together
    dans l'ensemble on the whole
l'ensemble sport, sportswear, casual wear
  entendre (entendu) to hear
    bien entendu naturally
  entourer to surround
l'entracte (m) interval
  entraîner to drag
l'entraînement (m) training
s'entretenir (entretenu) to talk
l'entretien (m) upkeep
  envers towards
s'envoler to fly away
  envoyer to send
  épais (épaisse) thick
l'épargne (f) saving
    encouragement à l'épargne
    encouragement to save
  épater (fam.) to astound, amaze
  éphémère ephemeral
l'épouse (f) married woman, wife
  épouser to marry
l'épreuve (f) test
l'équipe (f) team
  équiper to equip
l'équipement (m) equipment, facilities
l'erreur judiciaire (f) error of justice
l'esclavage (m) slavery
l'espèce (f) kind
  espérer to hope
l'esprit (m) mind, spirit
l'essence (f) petrol
l'essor (m) flight, soaring, stride forward
l'esthétique (f) aesthetics
l'étable (f) stable
l'établissement (m) establishment, firm
l'étage (m) floor, storey
l'état (m) state, condition, statement
  étonnant astonishing
  étranger (étrangère) foreign
  être (été)
    être à court de to be short of
    être sur les dents to be harrassed
    être en mesure de to be in a position
    to, capable of
l'étude (f) study
l'événement (m) event
l'éventail (m) fan
l'excès (m) de vitesse speeding
l'exposant (m) exhibitor
  exproprié expropriated

F

la façon: de cette façon in this way
le facteur postman
la facture invoice, bill of sale
la faculté faculty (of university)
  faire (fait)
    faire du bien to do good
    faire confiance à to rely on
    faire connaissance avec to get
    acquainted with
    faire face à to face, meet
    faire fortune to make one's fortune
    faire part de to inform of
    faire la pluie et le beau temps
    to rule the roost
le fait fact
    au fait by the way
    en fait in fact
  fatidique fateful
les félicitations (f) congratulations
la ferraille scrap iron
le ferrailleur scrap metal merchant
le festin banquet
les feux (m) (rouges) traffic lights
le fil thread
la fille de joie woman of the streets
  fin prêt really ready
  fixement fixedly
se fixer to settle in
la foi faith
    ma foi my word, I say
la fois; à la fois at the same time
le fonctionnaire official
le forfait misdeed
  fort: c'est ça le plus fort that's the most
    amazing thing about it
  foudroyant overwhelming, staggering
la fourmi ant
  fournir to furnish, provide
les frais (m) cost, expenses
    aux frais de at the expense of
la framboise raspberry
  frisquet chilly
  fumé smoked
  fureter to ferret, rummage
le fût barrel

G

la galantine de volaille galantine of poultry
la gamine (fam.) young girl
  garantir to guarantee
  garer to garage, park (car)
le garnement naughty boy, scamp
le gars chap
la gastronomie gastronomy

gâté spoiled
gênant awkward, embarrassing
gêner to embarrass
génial having genius, talented
le génie genius
le genre kind
le gérant manager
le gibier game
le glaçon icicle
gonfler to inflate; to hot up (of cars)
goûter to taste, try
grâce à thanks to
gracieux pretty, pleasing
grandir to grow up
gratis free
le gré liking, taste
    de bon gré willingly
la grève strike
grincer to grind, grate
la grotte cave, grotto
guérir to cure
la guérison cure
le guérisseur healer
la guerre war
guider to guide, direct

H

s'habituer à to get used to
hardi daring
le hasard chance
la hauteur height
l'hebdomadaire (m) weekly
le héros hero
les heures (f) de pointe rush hour
l'hypothèse (f) theory

I

immatriculé registered
l'immeuble.(m) building, property, premises
impoli impolite
important important; considerable
inclus included
l'inconvénient (m) drawback, disadvantage
incroyable unbelievable
l'indice (m) clue
inébranlable unshakeable
inouï unheard of, fantastic
s'inquiéter to be anxious
insensible insensitive
l'intaille (f) gem with engraved design
interdit forbidden
s'intéresser à to be interested in
interviewer to interview

invraisemblable improbable, unbelievable
irremplaçable irreplaceable
l'isolement (m) isolation

J

le jaillissement gushing, spouting
les jeux Olympiques d'hiver Winter Olympics
jurer to swear
jusqu'à as far as
juste just, exactly, right

L

là-bas over there
le lecteur reader
le lendemain the next day
lever to lift
la lie dregs
le lien bond, link
lier to link
le/la locataire tenant
le logement accommodation
la loi law
le loisir spare time, leisure
la longueur length
louche dubious, suspicious, shady
le loyer rent
lumineux clear, bright
les lunettes (f) glasses
lutter to struggle, fight

M

le magasin d'antiquités antique shop
le magasin d'antiquaire antique shop
la magie magic
la mairie town hall
la maladie illness
    malade comme une bête as sick as a dog
mâle male, masculine
maniable easy to handle
la manifestation sportive sporting event
manquer to lack; to miss
le maquillage make-up
la marchandise goods
la marge bénéficiaire profit margin
se marier to get married
marquant striking
la marque brand
le matelas mattress
la matière subject
la mécanique mechanics
le mécontentement discontent
se méfier de to distrust, be suspicious of

meilleur better
le meilleur best
le mélange mixing, mixture
mélanger to mix
se mêler to interfere, join, take part in
le membre member; limb
même same; very
de même similarly
le ménage household
la ménagère housewife
mener to lead
le métier job, trade, profession
le métro underground
mettre (mis) to put
mettre de côté to put aside
se mettre en chemin to set out
se mettre en grève to go on strike
mettons let's say
les meubles (m) furniture
minable (fam.) shabby, seedy
mince thin
minuscule tiny
la mode fashion
les mœurs (f.pl.) manners, habits, customs
moindre least
mondain of society, fashionable
le moniteur instructor, coach
la monnaie money, currency, change
monstre huge
la monture setting
moulant shaped, close-fitting, clinging
le moule mould
le moussaillon ship's boy, cabin boy
le moyen means
il n'y a pas moyen it's impossible
moyenâgeux of the Middle Ages
mûr mature, ripe

N

la naissance birth
naître (né) to be born
natal native
la navigation sailing, navigation
le négociant (en vin) (wine) merchant
le niveau level
le/la noctambule nightbird
la note mark, note, bill
la nourriture food
la nouvelle piece of news; short story

O

objectif (-ive) objective
l'objectif (m) lens
obséder to obsess
obtenir (obtenu) to obtain

l'odeur (f) smell
l'œuvre (f) d'art work of art
l'or (m) gold
l'ordinateur (m) computer
les ordures (f) rubbish
l'original (m) eccentric person,
character
où: d'où hence
oublier to forget
l'ouest (m) west
l'ouverture (f) opening

P

la panne breakdown
le panneau panel
le papier d'emballage wrapping paper
paraître (paru) to appear
parcourir (parcouru) to travel through,
go through
le parcours itinerary, route
paresseux (-euse) lazy
le parfum perfume
parler: parler boutique to talk shop
la parole word, utterance
la part share, portion
à part apart from
partager to share
la partie part
en grande partie mostly
particulier (-ière) special, particular,
unusual
partir to leave
à partir de from
la parure decoration, adornment
le passionné enthusiast, fanatic
passionné passionate
le patinage artistique ice skating
la patinoire skating rink
patrouiller to patrol
le paysan peasant
la peau skin
le péché mignon great weakness, besetting
sin
peindre (peint) to paint
la peinture painting
pendre (pendu) to hang
pénétrer to enter, penetrate
pénible painful, difficult
la perche pole
perforé perforated
la péripétie vicissitude
permanent continuous (cinemas)
permettre (permis) to permit
le permis de conduire driving licence
le personnel staff
pesant heavy

le philanthrope philanthropist
la pièce room; play; piece
le piège trap
le piège à taupe mole trap
le/la pire worst
la piscine swimming pool
la piscine de plein air open-air pool
la place: sur place on the spot
le plafond ceiling
se plaindre de (plaint) to complain about
le plan d'ensemble overall plan
le plat dish
plat de résistance main dish
plus: en plus extra, above
le poids weight
le poinçon hall-mark, punch dye
Polonais Polish
pompeux (pompeuse) pompous
poser to put
posséder to possess
le potage soup
le pouce thumb
le pourboire tip
poursuivre (poursuivi) to pursue
pourtant however
pourvu equipped, provided
précieux (-euse) valuable
la précision detail
prendre (pris):
se prendre au sérieux to take oneself
seriously
prendre contact avec to make contact
with
prendre un bon départ to make a good
start
le préparatif preparation
la présentation introduction
se présenter to introduce oneself
présider to preside
la presse press
se presser to hurry
la pression pressure
prêt-à-porter ready-to-wear
le prêtre priest
la preuve proof, evidence
prévenir (prévenu) to inform, forewarn
prévoir (prévu) to foresee, anticipate
la prière prayer
la prime premium, bonus
la prime d'assurances insurance money
le printemps spring
privé deprived
se priver de to do without
le prix price; prize
prochainement in the near future
produire (produit) to produce
la profondeur depth

prometteur promising
le promoteur promoter
propre clean; own; appropriate, fitting
la propreté cleanliness
prospère prosperous
puni punished

Q

quant: quant à as for
quoi: à quoi bon! what's the use!

R

le rabais price reduction, discount
la raison reason
en raison de because of
ranger to put in place, arrange
rapide fast
le rapport connection
rapporter to bring back, retrieve
ça rapporte it brings in money
la raquette racket
ravi delighted
le rayon department; shelf
le rayonnement diffusion
réaliser to achieve; to realise
recaler (fam.) to fail (a pupil)
le receleur receiver (of stolen goods)
le récepteur receiver (telephone)
réchauffer to warm up
la recherche search, investigation
les réclamations (f) complaints
réclamer to claim
la récolte harvest
recueillir to collect together
réduire (réduit) to reduce
réélire (réélu) to re-elect
réfléchir to reflect
regarder to look
ça vous regarde that's your business
la règle rule
regretter to miss, regret
la relation connection, relation
le remède remedy
les remerciements thanks
remettre (remis) to set (bones), to put
right
la remontée (ski) lift
rempli full, filled
se rendre (rendu) to make oneself
renseigné informed
se renseigner to make enquiries
repartir (reparti) to leave (again)
répartir to divide; distribute
se replonger to plunge oneself again
le reportage report

le réseau network
   résister (à) to stand (up to), resist
   résoudre (résolu) to solve
   ressentir to feel
le ressort spring
   ressortir to come out
   rester (en ligne) to hold on (telephone)
     il ne me reste plus there only remains
     for me......
la restriction restriction
   retirer to take, pull out
     retiré taken away
se retirer to retire
   rétrécir to make tighter
   réuni combined, joined
   réunir to gather together
la réunion meeting
     la réunion mondaine fashionable
     party, gathering
   réussir (à) to succeed (in)
la réussite success
la revanche revenge
   révéler to reveal
le rêveur dreamer
le richard (fam.) wealthy person
la rive bank
le ronronnement purring
la roue wheel
   rouspéter (fam.) to grouse, protest
la rubrique column
la ruée rush

S

le sac bag
     le sac à main handbag
     le sac à provisions shopping bag
la saleté dirt, rubbish
   salir to dirty
le Salon de l'Auto Motor Show
     le salon de coiffure hairdresser's
la santé health
le saumon salmon
la séance performance, session
la secrétaire secretary
   séduisant fascinating
   selon according to
   semblable similar
le sens sense, meaning, direction
le sentiment feeling
   sentir to feel, smell of, taste of
   serré tight, close packed
la serveuse waitress
le short de soirée evening shorts
le sifflement whistling
   simuler to feign, simulate
   sinon otherwise; if not

le site site
   soigner to look after
le soin care
   soit.........soit either.........or
la somme sum, amount
     en somme in short
le sol ground, soil
la sorcellerie witchcraft
le sorcier sorcerer
le sort fate, destiny
   souhaiter to wish
la souillon slut, slovenly maid
   soumis (à) subject to
la source fountain, source, spring
   souterrain underground
se souvenir (souvenu) de to remember
le/la spécialiste specialist
le spectacle spectacle, sight
   sportif (sportive) sporting
     reporter sportif sports reporter
les sports (m) d'hiver winter sports
le stage course of instruction
la standardiste switchboard operator
le strapontin folding seat, flap seat
   subir to undergo
le subconscient subconscious
   subsister to subsist
   suffisamment sufficiently
la suite continuation
     à la suite de following
le sujet subject
     au sujet de about
     à ce sujet about this

T

la tache stain
la tâche task
   tâcher (de) to try (to)
le tailleur suit
le tapis roulant conveyor belt
   tarder to delay
   tendre (tendu) to stretch
   tenir (tenu) à to be very anxious to
   tenter (de) to try
la théière teapot
   tiens oh! well well! indeed!
le tir shot, shooting
   tirer to pull, draw out, shoot
     tiré par les cheveux far fetched
le toc imitation jewellery
la toile canvas, linen
   tomber to fall
     tomber en panne to break down (of
     cars, etc)
     tomber amoureux de to fall in love
     with

le tonnerre thunder
   toper to shake hands on a bargain
   toucher to touch; receive (of money)
le tournant turning
   tournant revolving, turning
la tournée tour
   tourner to turn, shoot (of a film)
le tournevis screwdriver
   tout all
      pas du tout not at all
le trac stage fright
la trahison betrayal
   traiter to treat
la tranche slice
les transports en commun public transport
   traumatisant traumatic
le tremplin ski jump, diving board
le tribun orator
le tribunal Magistrates' Court
   tripler to triple
   trompeur (-euse) deceptive
la trouvaille lucky find, discovery
la truffe truffle
   tuer to kill
le typographe printer
le tyran tyrant

U

   uni united
   uniquement only
l'unité (f) unit, article, item
l'universitaire (m. or f.) university
     teacher
l'usine (f) factory

V

la vache cow
   la vache à lait milch cow
la vaisselle dishes
la valeur value
   valoir (valu) to be worth
     il vaut mieux.......... it's better to..........
la vedette star
la veille the evening before
le velouté de champignons cream of
     mushroom soup
la vente sale
   service après-vente after sales service
   vente aux enchères auction sale
le ventre stomach
la venue arrival, advent
le vernissage official opening of
     exhibition; varnishing, glazing
   verser to pour; pay in

   vieillir to grow old
   vilain nasty, unpleasant
   viser to aim
le visiteur visitor
la vitesse speed
   vivre (vécu) to live
le vœu (-x) vow, wish
les voies navigables (f) waterways
le voisin neighbour
la vue sight

Z

   zut! blast!

Acknowledgment is due to the following for permission to reproduce illustrations:
BLUE LINE CRUISERS (FRANCE) LTD. canal pp. 140-141
CAMERA PRESS LTD. (photo Lew, Paris) market p. 60
LE FIGARO advertisements p. 118
FRENCH GOVERNMENT TOURIST OFFICE (photo Feher) hotel p. 34
JOHN HILLELSON AGENCY (photo Jean Mounicq) newspapers p. 11
INSTITUT PEDAGOGIQUE NATIONAL (photo Jean Suquet) classroom p. 123
KARQUEL skiing p. 95
KEYSTONE PRESS AGENCY LTD. salon de l'auto pp. 13 and 15; models p. 31; traffic p. 57;
cinema p. 108
PARIS MATCH anglers back cover
ROGER PERRIN Village Suisse p. 58
RAPHO news-stand (photo Belzeaux) front cover; gendarme (photo Dominique Buigné)
p. 40; art gallery (photo Kay Lawson) p. 68; motorway (photo Ciccione) p. 143; casks
(photo Janine Niepce) p. 156
JEAN RIBIERE restaurant p. 42; artist p. 76; post office p. 84; skiing p. 101; wedding p. 111;
wine tasting p. 156
H. ROGER-VIOLLET models p. 23; market p. 67; telephone kiosk p. 84; winter sports p. 93;
Loches pp. 132-133; supermarket p. 148; shop p. 151

The photograph on p. 48 was taken for the BBC by Camera Press Ltd.